人と違うことは
いいこと

ちいめろ

ちいの一番大切な宝物、琉雅&麗姫愛へ♥

♥Prologue♥

—ママになったすべてのお姫様たちへ—

「お、は、めろ～♡ちいめろだよ～♡」ということで……。
ちいめろ星から来たお姫様、永遠の18歳、ちいめろです（笑）

そんな自己紹介はさておき、ＹｏｕＴｕｂｅ動画をいつも見てくださっている方も、そうでない方も、この本を手に取ってくださって、本当にありがとうございます！

ブログに始まり、ＹｏｕＴｕｂｅやＩｎｓｔａｇｒａｍなど、日々いろいろなことを発信しているちいですが、今回のこの書籍では、大好きな長男・琉雅（以下：琉）と、可愛くて仕方がない長女・麗姫愛（以下：ひめ）の子育てについて（あと、ちいの溺愛ベイビーちゃん、ポメラニアンのおもちちゃんのこともね♡）、ちょっぴり照れるけどガチの本音で、たっぷり語っていきたいと、思いま～す！

でね、いつもちいの動画やＳＮＳ投稿を見てコメントくださる方をみても、ファンでいてくださる方をみても、やっぱり同じママ仲間が多いんかな？　っていう印象なのね。お悩み募集のコメントなんかを見ても、みんなそれぞれ状況や環境は違っても、色々つらい思いとかがあるんやなあ、って思うし。

イマドキな感じでいうと、ちょっとした「生きづらさ」っていうんかな。

そういうものを抱えながらも、毎日家事に子育てに頑張ってるんだよね、って思う。

ちいも、パッと見は「お気楽＆ハッピ～♪」みたいに見えてるのかもしれんけど、意外とメンタルにおいても、人生においてもアップダウンはあるほうだと思う。

正直、ひとりだけの人生だったら「もう何もかもいいや！」って全部を放り出したくなることだってあったかもしれない。

でも、琉とひめの存在があることで、「絶対に、間違ってもそんなことはできん！」みたいな責任感と強さが、ちいの中でいつの間にか育ってた。

そう、お姫様だって、ママになればちゃんと強くなれちゃうもの♡

もちろん、ママにならなくても、責任をもって守るものができれば誰でもね。

そうやって、ひとりの女のコがママになって、愛情をたっぷりかけて子どもを育てて、
自分自身も強くなれる。それはとっても素敵なことだなって思う。

でも、ちいがどうも心に引っかかるのは「ママなんだから〜じゃないとダメでしょ」「ママなら〜するのが常識でしょ」っていう世間の声（という名のネット上の文字）。


っていうか、まず「世間」ってなに？

「ママとしての常識」って、誰が決めたん？

ちいは別にその人（世間という謎の人類）のために生きてへんし……。

何かあなたにご迷惑をおかけしましたか？


なんてね。そんなふうに思っちゃう。

そもそも、ちいがちょいちょい炎上してるのも、だいたい原因は「それ」。

「母親だから〜じゃなきゃダメ！」「みんなと一緒じゃないとおかしい」っていう世間からかけられた〈あるべき母親像〉の呪いみたいなもの。

いわゆる世間、っていう生きものからすると、ちいみたいに「ピンク！　リボン！

キラキラ～ン♪」みたいな量産型のファッションや、整形はもちろん、盛り盛りのメイクやヘアスタイルなんかも〈母親圏外〉って思われちゃうみたい。

本当は、昔からわりとお世話好きで、食事だって栄養を考えた手料理を作ってたし、子どもたちと一緒にいる時間を大切にしたくて自宅にいられる仕事を選んだりもしてきたんやけど、そんなことは言わなきゃわからんことだらけ。


「そんな格好をしてるなんて母親として恥ずかしい」

「親が整形とか派手派手なメイクとかありえない」

「家事だってちゃんとできないに決まってる」

「この人、ちゃんと子育てできてるの？」

「子どもたちを虐待してるに決まってる！」


琉＆ひめを大事に思う気持ちは誰にも負けん勢いで生きてるのに、ファッションやメイクでの印象だけで話が勝手に発展して、こんなふうに、ちいからすれば予想外の方向にどんどんエスカレートしていく。

例えば、琉にホストみたいな格好をさせてた頃の投稿で変な切り取られ方をした挙句、びっくりするほど炎上しちゃったり、自宅を特定されたうえ、「あの家で児童虐待が起きてます！」なんて嫌がらせ通報をされて児童相談所に突撃されたり、まさかの殺害予告を受けたことも……。

いまでこそ、ありがたいことにたくさんの親戚ちゃん（ファン視聴者さんたちのこと）に家族丸ごと応援してもらえているから、いいんやけどね。動画やＳＮＳを通じて自分の言葉でちゃんと説明し続けてきたことで、ちいの言いたいことや思いを理解してもらえる良い流れができたのも良かったなって思う。

何年か前までは、メイクやファッションだけを見て、ちいが実際に家事や育児をどうやってしているか、どう子どもと向き合っているのかについては、みんな知ろうともしてくれないんやな、って思うことも多々あった。
いまでも「やっぱり誤解されていることも多いんやな」って感じることもある。
でも、実際はもっといろんなパターンの「ママなのに〜なんてありえない」って責める声や、そこに対する「わかってもらえなさ」があるんやと思う。

例えばちいの場合、その「わかってもらえなさ」をどんな時に感じるかというと、いわゆる育児にまつわる炎上事件みたいなことを経て、「ちいめろちゃん、本当に良いママになりましたね」とか、「しっかり子どもを育てられるように成長してるんだね」なんていうコメントが届くとき。

「え？　別にいいコメントやん」って思ったそこのあなた！

違うんよ。だってちい自体は何ひとつ、変わってないんやから。

もともと母親として大切に思っていることは昔から変わらんし、琉とひめを思う気持ちだって何も変わらんのに……。

「あの」ちいめろも色々あって成長したんだね、って思われてる悲しさたるや。

そんな声が聞こえるたびに、「あのなあ、ちい自体は昔から何も変わってないんやけどなあ……」とちっさい声でブツブツ呟いてる。（さらに動画でも結構しつこく話してるかも（笑））

たぶんやけどな……。ファッションやメイクに関して言えば、モノトーンやネイビー、ブラウンとか暗めな色を選んで、コンサバなデザインの膝が隠れる服を着て、好感度第一優先のメイクをしていれば、何も言われないのはわかってる。

髪色はもちろんダークトーンで落ち着いたヘアスタイルにすればいいってことも。


でもそれって、もはや「ちい」なん？

自分でも鏡見て「誰これ⁉」ってなるし、めっちゃ窮屈やわ。


もちろん、学校行事や子どもたちと一緒にお出かけするときにはちゃんと琉とひめの意見も取り入れてるし、ＴＰＯだって考えてるけれど、それもあくまで「ちいらしさ」を失わない範疇で。


だからね、ちいはまず、全世界の人に言いたいことがあるの！

それは、「見た目で人間性を判断しないで」っていうこと。

あとは、自分自身で「みんなと一緒じゃなきゃダメ」って思いこまないのも大事。

ママだって、母親であると同時にひとりの女性だし、ちゃんと個性を持った人間だってことをみんなが受け入れあえれば、きっともっと生きやすくなるはずだし、笑顔になれるママも増えるはず。

Prologue ―ママになったすべてのお姫様たちへ―

ちいは、「母親だから～すべき」の窮屈さから抜け出て、自分自身でいろいろなことを選択していく先に、自分の幸せも家族の幸せもあると思ってる。

それに、ママが笑顔で幸せそうに自分の人生を楽しみながら子育てをしてたら、子どもだって「ありのままの自分」でいてもいいんだ、って実感できると思うの。

毎日の暮らしに笑顔があって、子どもたちにとって絶対的に１００％安心できる最高の居場所をつくる、っていうことが、ちいが思うママとしての大切な役割。

子育てとは～、みたいな難しい育児論はわからんけど、いっつも笑っていられる「楽しくて幸せな親子関係をつくる」、っていうことなら……ちょっと自信ある♡

ＹｏｕＴｕｂｅやＳＮＳでは伝えきれない、ちいの思いがたくさん詰まったこの本を通して、育児や自分らしく生きられる考え方のヒントにしてもらえることや、読んでくださった方の日々の暮らしのエールになることがあればいいな、って思ってます。

ちいめろ

Contents

Chapter 3

「ちいが子育てで大切にしてること」

Prologue ｜ —ママになったすべてのお姫様たちへ—

Chapter 1

「ママだから〜じゃなきゃダメ」なんて誰が決めたん？

あの「大炎上事件」はこうして起きた

ちいがこれまで様々な炎上やアンチ事件を乗り越えてきたのをずっと見守って、応援してきてくれた親戚ちゃんたちからしたら、いろいろご存知かと思うんやけど……。

ちいのことをあんまり知らない人からすると、やっぱりあの「琉ちゃろホスト写真」の一件は一番燃えた感があるんかな、って思う。


琉が生まれた頃から、あるアイドルを好きになったちい。

それをきっかけに「琉をアイドルにした〜い」なんて思うように。

それで、「アイドルになるなら、幼少期から少しでも知名度を上げておきたいな♡」なんて思ってた。


アイドルにしたいのになんでホストの格好なん？　っていう疑問はさておき（笑）、とりあえずは当時人気のメンズ雑誌に出ていたかっこいいホスト系モデルさんに寄せて、それっぽい雰囲気に作り込んでたの。

それこそ筋盛りとか、ホストっぽいヘアアレンジもがっつり真似っこしたりして。

琉ちゃんもノリよく楽しんでくれてる様子だったのもあって、ちいからしたら日常の親子遊びの中のひとつみたいなものやったし、ヘアアレンジやファッションを「ママがプロデュースしてる♡」みたいな感覚やった。


そんなある日のこと。

ツイキャスをしながら、いつもみたいに「お出かけ前の準備〜♪」みたいな内容の配信をしながら琉のホスト風ヘアアレンジをしていたら、その最中、琉とひめが盛大にケンカをし始めちゃって！

まあ、うちは「ケンカ両成敗」っていう考え方ではあるんやけど、その時の経緯としては明らかに琉のほうが悪かった。それで、琉を叱ったら案の定メソメソ……。

そしたらなんと、そのときの琉の泣き顔をスクショして、その後ネットにアップした方がいて。

わかります？

こうやって切り取られてしまうと、当然「兄妹ゲンカが原因で泣いてる」っていう説明もないから、ヘアセットしているシーンでの泣き顔の瞬間にしか見えないんよね。

その写真をアップした人は、琉が泣くほど嫌がっているのに、ちいが無理やりホストっぽいヘアアレンジを強要してる、みたいな状況に見せたかったんかな……。

その後はもうあっという間！

その画像がツイッター内で鬼のように拡散&炎上！

長い長い垂れ流し動画の中の、ほんの一瞬の出来事の切り取り画像。それがまさかこんなことになるなんて！　って、ちい自身もびっくりしたくらい。

さらに、悪いことは続くもので、その写真の拡散の後に、もうひとネタ投下されてしまったんよ。

当時琉ちゃんは明るい髪色やったから、その髪色に合わせて眉毛にカラーアイブロウでメイクをしてたんやけど、その途中で顔をくしゃ、ってした瞬間があったんよね。そしたらまたそこでパシャっとスクショされて、これも大拡散！

これも「嫌がっている幼い子どもに無理やりメイクするありえへんママ」っていうちいめろ像をつくる一因になったんやろうな、って思う。

琉をめぐる炎上は当時結構あって、もはやシリーズですか、ってくらい（笑）。

それから、これはまた別の日のツイキャス配信の時に起きたことなんだけど……。

ちなみに、みんなの家庭では、子どもが小さい頃ってめっちゃハグしたり、頬擦りしたりしてイチャイチャしたりする？

まあ、うちの場合は小さい頃だけと言わず、今もいっこうに変わらんけど（笑）。

でもちいは、それが親子間コミュニケーション、って信じてるとこもある。

その配信の時も、琉とイチャつきながらお菓子をくわえて、口で渡してパクってさせる、みたいにして遊んどったんやけど、そこでまた誰かがスクショをパシャリ！

それだけやったらなんてことなかったんやろうけど、その写真では、ちょうど光の加減で間に挟まったお菓子が舌みたいに見えていたらしく、「子どもにディープキスするなんて、けしからん！」ってことで、また炎上騒ぎに。

いくら琉がちいにとってプチ彼氏的存在とはいえ、小さな子どもにそんなことするわけないし、そう捉えてしまう人の発想の方がオカシイって思うんやけどね。


まあ、こんな感じで、燃え散らかしては弱火になって、やっと鎮火しそうになったらまた思いもよらぬ燃料投下で大炎上！

そんな日々だったから、いつ頃に鎮火したのかなんて、もはや正直ちいにもわからん。

いまだに当時のこと言ってくる人もおるってことは、もしかしたらまだ鎮火は完全に終わってないのかも⁉

それはさておき、ちいみたいに色々発信していると、真実じゃないことで炎上させられたり、誹謗中傷を受けたりしたりすることだって結構ある。

多かれ少なかれ経験がある人もおるんかなって思うけど、この一連の炎上事件は、ほんとに「切り取り」ってこわいなって感じた出来事やった。

思いもしなかった後づけのストーリーでいくらでも嘘が広がっていく怖さを感じたし、発信する側がいくら気をつけていても、どうにも防ぎようもないことってあるんやな、って思い知った。〝火のない所に煙は立たない〟っていうけど、〝火のない所にでも煙は立つ〟んやで‼

あと、これもたまに思うんやけど、ああやって炎上させる人って一体なんなんなん？

よっぽどヒマなんかな。他に人生で楽しいこともないんかな、って。

女子同士の会話あるある的なものと一緒で、なんだかわからんけどみんなでワイワイ悪口を言ったら盛り上がる、とかストレスを発散できる、っていうのもあるんかな。

ちいはそういうのは好きじゃないな。

限りある時間なら、やっぱり楽しくて、笑顔で過ごせることに時間を使いたい。

でも、ひとつ想像できるのは、炎上させたり誹謗中傷をしてしまう人たちって、いろいろな意味で「ゆとりがない」っていうのはあるんだと思う。

ちいも、そこの気持ちの不安定さはわからなくもない。

こういうお仕事をしていると、毎月決まった額の収入があるわけじゃないから、経済状態の波もすごかったりするんよ。その収入の高低差の中で、「底」のところにあるときって、自分の心にゆとりがないなあ、って感じることもあるから。

普段なら広い心で「それは仕方ないよね」って思えるようなことに対してもイライラしちゃったり、些細なことにも疑心暗鬼になったり。

そんな余裕のなさや満たされなさを感じると、人によっては、それを誰かの悪口で発散したり、炎上に悪ノリで参加したりしちゃうことにも繋がるんかな、って。

だからちいは、わざわざ自分の大事な時間とエネルギーを使って誹謗中傷したりしてくる人を見かけると、勝手に「この人はいま、ゆとりがなくていろいろ満たされてない可哀想な人なんやな」って……、遠い目をして受け流すことにしてる（笑）。

もはや日本中がアンチ⁉ 児相突撃に殺害予告まで

そんなわけで、琉にまつわる当時の炎上シリーズはこんな感じで続いてたんやけど、ちいからすると、もっともっと過激な事件もたくさんあった。

それこそもう、「もしかして日本中、み～んなちいのアンチの方なんですか⁉」って聞いてまわりたくなっちゃうくらい！


特に衝撃的だったのは、「児相（児童相談所の突撃」と「殺害予告」。

まさかこの平和なちいめろ星で殺害予告を受ける日が来ようとは……。


コトの起こりは、とある掲示板。

友だちに「ねえ、某掲示板にちいちゃんの悪口が書かれてるんだけど……」って言われたの。ちいはそのことをまったく知らなかったんだけど、そんなこと言われたら、やっぱりどうしてもなんて書いてあるのか気になっちゃって。

それでさっそく、その掲示板のスレッドを見ていってみたら……。

案の定、そこに書かれていることの9割が嘘！ （え。じゃあ1割はホントなん？っていう声はさておき（笑））

でも、9割が嘘ってすごくない？

書かれている内容が本当のことか、そうじゃないかなんて、ちい本人が一番よくわかること。だから正直、投稿者の方の類稀なる創作力に圧倒されたよね（笑）。

それからは怖いもの見たさもあって、ちょこちょこその掲示板をのぞきにいくようになったんやけど、まあ次から次へと、いろ～んな人にいろ～んなこと書かれてた。

まあ、そのときは、悲しいとかイラッとする感情よりも、あまりの作り話っぷりに「ま～た新しい脚本家みたいなヤツがでてきたぞ～♪」なんて思いながら、面白半分な気持ちで投稿を読んでたんやけどね。

でもある時、そのスレッド内の会話がどんどん怪しい方向に進んでいったときがあったの。書かれている内容をふと見ると、「もうコイツ、ヤバすぎるから児相（児童相談所）に通報しようぜ」っていう会話が繰り広げられてるのが目にとまって……。

「え。マジで!?　まさか本当にこないよね？　え。でもほんとにくるんかなあ？」ってソワソワしてたら、本当に児相の方が来たんですよ、当時住んでいた自宅に。

恐るべしネットの住所特定班！

「こんなん信じられん！」って思いながらも、もう実際に、家の玄関に児童相談所の方が来ちゃってるわけだから、対応しないわけにはいかない状況に。

「実はネット上でこんな誹謗中傷があってですねー」、って事情を説明したら、いたずら通報だということへの理解はしてもらえたんやけどね。

でも「一応通報があった以上、お子さんを確認しないといけないんです」って。

まあ、それはそうだよね。先方もお仕事だから仕方がない。

それで、ちいも「全然いいですよ～、琉ひめ、おいで～」って、ふたりを呼んできたのね。子どもたちの様子を見せたら、もう一瞬で、「ああ、何もなさそうですね。大丈夫ですね」って帰っていかれたんだけど、あの日はもう、本当にびっくりした。

ちい的には「そりゃあ大丈夫に決まっとるわ！」って感じだったけど、わざわざ足を運ぶことになった児相の方は、本当にいい迷惑やったと思う。

ネットの特定騒ぎでいうと、もっと過激だったのが、なんと「殺害予告」。

これは、琉がまだ小学校低学年の頃、「小学生ホスト」みたいな感じでテレビ出演していた頃の話なんやけど、琉が当時通っていた小学校を特定されちゃったの！

ある日学校に「この学校に、琉雅ってやつがおるやろ？」みたいな男性からの電話があったらしく「そいつの髪、黒く染めないと首掻っ切るぞ！　一週間以内にやれ！」って。しかも2回も同じ人から同じ内容で電話があったそうで。

学校の先生もびっくりしてすぐに通報＆報告してくれて、「どうします？　今すぐ髪色変えますか？」みたいな話もあったんやけど、ちいはその脅迫犯の言いなりに「はい、じゃあ急いで髪黒くします！」なんてするつもりはなかった。

そうやっていちいち嫌がらせに屈していたら何もできなくなるし、そういう卑怯なやり方って本当にありえないと思うから。

その後、ちいは自宅に来た警察の方から事情聴取を受けたりして……。

念のために琉にも数日間は学校を休んでもらって、そばに置いて様子をみてた。

「脅しに屈しない！」って思いつつ、やっぱり琉のことが心配やったから。

まあ、結局何ひとつ危害を加えられるようなことはなかったんやけどね。

ブログやＳＮＳでの発信によってたくさんの方に注目していただくようになって以来、炎上にも変に慣れっこになっていたし、なんとなく最初から「これは嫌がらせで実際には何もないやろな」っていう感覚もあったけど、これはさすがにひどいと思った。

この頃は日本中のみんながアンチ、って思ってたこともあって、小学生のうちは子どもたちをちいが学校まで必ず送ってたし、数ある炎上事件の中でも、この「殺害予告」は結構印象に残ってる。


でも、こういう事件も結局、ちいのファッションやメイクだけを切り取って観察した方が、「こんな見た目の母親は、子どもに虐待をするに違いない」っていう思い込みをしたことが、事の発端なんやと思う。

そんなふうに捉えるのなんて、ごく一部の方かもしれんけどね。

ちいがもし、コンサバで好感度の高い、いわゆるママっぽい見た目をしていたら起きなかったことちゃうかな、なんて思ったりもする。

でも、それでもやっぱりちいは本音で生きていたいし、自分がなりたかった理想のママでいたい。

ママでも、「ちい」らしく、本音で生きる♡

ＹｏｕＴｕｂｅをはじめ、ブログ、ツイキャス、インスタなどなど、これまでもいろいろな発信をし続けてきたちいですが、これだけの炎上経験があると、「自分の正直な気持ちや本音を発信するのが怖くなったりしないの？」って聞かれることもあります。

でも、そこに関しては「大変やな」とか「イヤやな〜」って思ったことはないんよね。

むしろ、ちいの性格的には、思っていることを隠してる方がストレスになっちゃう。

ただ、ここが難しいところで、思ったことや感じたことをあまりにもストレートに言ってしまうと、受け取る側の状況や環境によっては、その人を傷つけてしまうことが出てくるかもしれない。

例えば、伝え方の表現ひとつで、それが変なふうに曲がって伝わっちゃった、なんていうことだってあると思うんよね。

もうひと工夫、丁寧な表現で説明を加えていたら、誰かを傷つけてしまうこともなかったのに……、っていうことって、普段の会話なんかでもあると思う。

これはブロガー時代から変わらないことなんやけどね。「ちいはこう伝えたいけど、それによって悲しい気持ちになる人が出ないかな」っていうのは結構考えているかも。


そんなわけで、言い方や表現への葛藤はあれど、ちいの発信する内容は、結構ガチの本音です（笑）。

あとね、正直に言っちゃうと、ちいは基本的に「自分が正しい」と思って生きてる。

アンチに何を言われようと、どんなふうに炎上しようと、わりと平気でいられるのは、そういう気持ちの持ち方もあると思う。


子育てでもなんでもそうなんやけど、ちいが何かを決めて行動するときって、なんとなくあやふやな気持ちでやってるわけじゃないんよ。わりと確固たる気持ちでやってる。

正直、自分が「こうしよう」って決断したことに対しての責任を背負う覚悟はある。

だからこそ、ちいのことや家族について、何も知らない第三者に何をどう言われようと、あまり気にもせず、ブレないでいられるのかもしれない。


だって、自分の人生の主人公は自分なんやから。

いちいち人の顔色を見て、空気読んで、自らモブ（その他大勢の人々）みたいな動きせんでもいいやん、って思っちゃう。自分が中心で生きているっていう自覚を持って、自分がこうしたいと思うことを選択し続けていたら、後悔することも減るんかなって。


何が言いたいかっていうと、大切なことは自分で決めればいい、っていうこと。

それによって、多かれ少なかれ、誰かに何かを言われることってあると思う。

自分がしていることを理解されなかったり、それどころか頭から否定されたり。

それでも、ちいは自分で決めてきた。

これまでずっと、そういう人生やったと思う。

ちいってね、なんでか自分の決断にすごく自信があるの。

なんでだろう？　根拠のない自信!?　そうとも言う（笑）。

でもね、自分で決めるからこそ、「これでいいんだ」って自信が持てるのかなって思ってるんよね。

誰かに言われて決めたことやったら、もしもうまくいかなかったり、失敗したりした時に「その人のせい」って思うかもしれない。

でもちいは、自分で決めてるから、そういう気持ちや後悔が少ない。


ちいめろ星が結構な田舎にあるからなのか、東京だったらまた違うのか、そのあたりは謎なんやけど、ちいのまわりには、昔からあまり自分の気持ちにストレートに生きる、みたいなタイプのコは少なかった気がする。

それよりも、空気を呼んでまわりに合わせていくタイプの方が多いかもしれない。

そんな環境やったからか、ママになってからは余計に、結構みんな「同調圧力的なもの」に悩んでるんかな、って感じることも多いんよね。


ちいめろチャンネルを見てくださる方からも、お悩み相談的なDMを受けることが結構あるんやけど、何かしら自分の決断や思いへの迷いがある時に、ちいに背中押して欲しいんかな、って感じることもある。

もし「これやってみたい！」とか「これに関してはこうしたい」って思うことがあるなら、「まわりの目や空気感を気にしすぎず、まずは自分が思ったようにチャレンジしてみて」って、ちいは思う。

自分の選択や決断を信じてあげることって、すごく大切なことやと思うから。

自分はどんなふうに生きたいか。

ママとしてどんなふうにありたいのか。

そういうことも、全部自分で決めていいと思う。


こんな感じの考え方だからか、ちいは自分の経験として、それなりにやりたいことをやってきたつもりやし、それが子育てに生きてるのかなって思うこともある。


琉とひめにもよく言うことなんやけど、「もし失敗したって全然いいやん」って。

なんだってまず、自分がやりたいと思うことにチャレンジだけはしてみる！

最初から「きっとできない」「きっとムリ！」って思い込んで諦めちゃうことほど悲しいことはないと思わん？

出来るかどうかはさておき、まずは経験してみるってすごく大切なことやと思う。

何かをする前に勝手にできないって判断をするのは本当にもったいない。

やってみて、もしうまくできたり叶ったりしたら、それはすごい成功体験になるし、失敗したとしてもそれで何かに気づくこともある。

「今回はこれで失敗したから、次はもっとこうしてみよう！」っていう新しい発想も生まれるかもしれないし。

この「とりあえずやってみよう精神」は、もはや「めろち的家訓」！

ＹｏｕＴｕｂｅでも、琉とひめが「～してみた」「やってみた」系の動画が結構あるんやけど、これもふたりにいろいろな経験をしてもらいたいから。

ママとしては、ほんの些細なことでもいいから、子どもたちがやってみたいな、って思う憧れや夢を持ったなら、それを大切にしてあげたいと思ってる。


みんなが自分自身の人生の主人公でいられたら、きっともっと強くなれるはず♡

それから、ちいがもうひとつ大切にしているのは、何でもプラスの方向に考えること。

どんなにアンチが湧いても、どんなに炎上しても、何かしらそこに面白いことって見つかるもので、そういうこともちいは密かに楽しんだりしてる。


例えば、アンチのコメントにも色々な種類があると思うんよね。

単純に傷つくような悪口もあれば、思わず笑わずにはいられへんような、ユーモアたっぷりの可愛い毒舌もあったりする。

結構面白かったのは「めろちの膝ってなんかビリケンおるよね」っていうコメント。

これはきっと「ちいの膝がキレイじゃない」っていう悪口を言いたかったんやと思うけど、ちいもこのコメント見てから自分の膝をまじまじと見て思ったもん。

「あ、ほんまにちいの膝、ビリケンさんおるわ」って（笑）！

このコメント主さん、ファンの方よりもめろちのことめっちゃ大好きやん♡
だって本当のアンチなら、そもそも動画見ないし、ちいの細部まで見たくもないよね。
それなのに、動画の内容どころか、ちいの膝小僧にまで注目してくれるなんて（笑）！

そんなふうに物の見方を変えてみると、炎上したって人は笑って生きられます。

「これ、ネタになるやん」「これはめっちゃオイシイわ〜」なんてね。

これも炎上に強いといわれる、ちいのもうひとつの特徴といえるかもしれません（笑）。

幼い琉ちゃろに重ねたママの夢

この章では、琉が「幼稚園児ホスト」として注目されていた頃の炎上事件の経緯や、ネット民の自宅＆小学校特定による恐怖事件（笑）などについてお話してみました。

ちいの動画やブログ等での発信を見てくださっている方からしたら、機会があるたびに何度かお伝えしていることではあるんやけど、「幼稚園児ホスト」の話題はなんとなく知ってるけど、ちいのことは知らんという方、育児本ということでこの書籍を手に取ってくださっている方々にも、これまでの経緯や状況を知っていただければ……♡

まあ、昔からアンチは結構おったし、誹謗中傷っぽいコメントをいただくこともたくさんあったせいか、「そういうネガティブなコメントを、もし子どもが見たらどうするの？」っていう声をいただくこともありました。

でもちいとしては、それを子どもに見せないようにすることよりも、「どう捉えられるようにするか」を学んでもらうことの方が大事なんかなって思ってる。

もちろん、ホスト姿で燃え盛っていた頃は3～4歳だったから、コメントの文字や意味なんて、当時の琉には理解できるはずもないんやけどね。

その頃から今に至るまで、基本的にちいの考えは変わらず、琉にもひめにも「ネット上で発信をしている以上、誰かにネガティブなことを言われることはあるけど、それは気にしなくてもいいんよ」って伝えるようにしてる。

今は、琉もひめもアカウントのパスワードをちいに共有してもらって、目の届く範囲でネットを使うようにしてもらってるんやけど、ずっとそんなふうに伝えてきたせいか、それとも単純にちいに似ているのか……、今もそういうコメントを目にすることはあるかもしれないけど、ふたりとも至って華麗にスルーしてくれてます（笑）。

ちなみにあの頃、琉をアイドルにすべく、知名度をあげたくて「幼稚園児ホスト」としてプロデュースっぽいことをしていたのには、理由があって。

実はちい、学生の頃から芸能界で活躍したい、っていう夢があったの。

それで、女優を目指して劇団に所属していたこともあるんやけど、結局結婚して若いママになる、っていう選択をしたから、やっぱり今でも芸能界への憧れは強い方なんやと思う。

琉が生まれた頃か妊娠中だったかの頃かな？

赤西仁くんを見て、「こんなに多才な人がこの世にいるんだ！」って憧れたのがきっかけで、琉にもアイドルになって欲しいな、なんて思うようになって。

琉が歌って踊って、ライブしているときには、ちいも手作りのうちわを持って応援しに行くんだ～、なんていう妄想を、今でもしちゃうくらい♡
そんなママの妄想に対して、琉はいまや完全にスルーしてるんやけどね（笑）

でも、ちいはそれはそれでいいと思ってる。

親にありがちなことだと思うんやけど、自分の叶わなかった夢を子どもに重ねてみたり、託したい気持ちになっちゃうことって、あるよね。

でもちいは、自分の夢を子どもに「押しつける」のは、ちょっと違うかなって思う。

琉には琉の、自分の夢を持って欲しいし、これからどんどんいろいろなことにチャレンジして本当にやりたいことを見つけて欲しいから。


ひたすら可愛くて、ママの小さな彼氏であり、叶わなかった夢を体現してくれていた小さな琉ちゃんも、いまや中学3年生。

最近では声変わりもし、身長もぐんぐん伸びて、すっかり成長して、ママとの関係性にちょっとした変化を感じることも……。

小さい頃みたいに、お出かけ中に外で手を繋いでくれなくなったところを見ると、やっぱり思春期なのかなって思うときもある。

まあ、根本的な部分は何も変わってないんやけどね。


思春期や反抗期にありがちな「親へのババア呼ばわり」も琉の場合、これだけはちいに対しては言ったらあかん、って思ってるみたい。

ひめちゃんとは女友だち的な感じだから、たまにふざけて言ってくるときがあるけど、たぶん琉だけは一生言わない（はず）。


あと、この年頃の子どもたちの間では、「親ガチャ」なんていうワードが流行ってるみたいなんやけど、その言葉を最初に聞いた時、ちいは全然意味がわからんくて「親ガチャって何やねん？」みたいなって感じやったのね。

要は親ガチャって「子どもは親を選べないから、ゲームのガチャみたいなもので、親のアタリハズレによってかなり命運が分かれちゃう」みたいな意味らしいんやけど……。

その意味を知ったちいが、琉ひめに「うちは親ガチャ大成功やろ？」って言ってみたら、ふたりともそろって「そりゃ大成功やろ♡」って即答してくれたのを聞いて、密かに嬉しかったたんが印象に残ってる。

こんな感じで、可愛い可愛い琉ひめと、家族楽しく暮らしているちいですが、次の章ではメンヘラ感ダダ漏れるシングルマザー時代、「闇めろち」のお話をしてみたいと思います。

Chapter 2

実はどん底上等だった!?「シングルマザー」と「離婚」

お姫様がメンヘラ闇めろちに変貌するとき

一見、ポジティブで楽観的な雰囲気を醸し出しているちいやけど、実はわりと落ち込みやすく、メンヘラ気味なところも隠し持っていたりします。

この〈メンヘラ闇めろち〉が何で発動するかというと、そのほとんどが「不安感」によるもの。

日常生活の中でもそうなんやけど、ちいはお出かけ前に「あ、家の鍵閉めたかな？」「エアコンは付けっぱなしにしてへんよね？」とか細かいことが心配になって、何度も家に戻るタイプ（笑）。

そんな感じで、もともと結構いろいろなシーンで不安症気味なところがあるんよ。

特に恋愛面においてはすっごくそれが顕著で、ちいの頭の中で妄想特急が走り出したら最後、もう全然止まらない状態になっちゃう（笑）。

このメンヘラ発動を止めるためには、大丈夫、って信じられる「証拠」とか「確証」が必要なんやけど、これがなかなか難しい……。

あきたん（彼氏）とお付きあいし始めた頃も、最初は東京とちいめろ星での遠距離恋愛やったんやけどね。毎日ことあるごとに何十通とＬＩＮＥをするだけじゃ足りなくて、あきたんに携帯のＧＰＳを共有してもらったり、部屋に監視カメラを設置してもらったりしてた。

それくらいしてもらわないと、ちいはなかなか安心しないっていうね。

これはもう、メンヘラ以外の何者でもないと思うんよね（笑）。

そんなわけで、ＧＰＳと監視カメラ、日々の細かい連絡によって、あきたんがいまどこにいるのか、何をしている最中だから家にいないのか、っていうことがいつでも把握できる状態にしてもらってた。

これだけでも普通の人からしたらドン引く案件だと思うんやけど、それでもちいは１００％安心しきれていたわけじゃなかったと思う。

だって、あきたんの位置情報が「自宅」になってるのに連絡が取れない、なんていう時間がちょっとでも続いたら、それはもう大変やったから。

「実は携帯を置いて、遊びに行ってるんちゃう？……」

（こんな考えに囚われ始めたらもうあかん！）

←

「じゃあ、いま、誰かと一緒におるんかな」

←

「誰かとおるんやろな。それ、ちいの知らん人かな？　男？　それとも女？」

←

「ちいにバレたらめんどくさいことになるから携帯置いてったのかな？」

←

「ってことは女と会ってるよね？」

←

「ちいにわからないようにその女と浮気してるのかな」

←

「いや、絶対してるよな。絶対女と会っとる！」

←

「コソコソしてなんなん？　マジでありえんから（怒）！」

こんなふうに、疑い始めるとキリがなくて、勝手にどんどん悪い方向に考えちゃう。

で、妄想特急の行き着く果ては必ずこうなる（笑）。


「ああ、もうダメやな。終わったわ。交際終了。チーーーン！」


こうなったら最後、電話も着信拒否して全てをシャットダウン！

まさにデジタル引きこもり状態で、ＬＩＮＥもＳＮＳも全部ブロックしちゃうから、携帯からもＰＣからも、どうやったって連絡の取りようがないんよ。


でも、あきたんの場合は、そこで公衆電話に走ってくれたの。

それで、公衆電話からの着信があると、ちいの心の鉄の扉も、やっとちょっとだけ開く、みたいな。

そこをちょっとだけ抜け道にして、公衆電話からの着信には出るようにしてた。

それは、家から離れた公衆電話に小銭握りしめて走ってでも、一生県懸命あきたんがちいと連絡を取ろうとしてくれた、っていう気持ちには応えたいと思ってたから。

ちいって、昔から男友だちは多いほうだから勘違いされやすいんやけど、あんまり恋愛自体の経験値は高くないんよね。

恋愛に慣れていたり、そういう関係を構築する経験値が高い人にとっては、「このくらいなら仕方ない」っていうふうに、いい感じにバランスを保てたりするのかもしれんけど……。ちいはなかなかそうは思えない。

１００％の誠実な気持ちを向け合う関係しか無理やな、って思う。

浮気や不倫、嘘は論外だし、ちょっとしたよそ見さえもありえないと思う。

まあ、それが世に言うメンヘラなら、そうなんやと思う（笑）。

ちいって、今はお姫様なんやけど、若い頃は正直、ギャルやったの。

当時のギャルって結構硬派な部分もあって、基本的に超一途だし、「この人と決めたら最後、墓まで一緒に入る」みたいなところがあるんよね。

だから、自分にはそういう覚悟があるのに、相手はそれくらいの思いがないんだって感じる出来事があったときの「人間不信」たるや、って感じ。

しかもギャルだった若い頃のちいは「いつだって自分最強♡」っていう精神で生きてたから、恋愛相手の裏切りや、こそこそしてる女をみたら呼び出して、みたいなやんちゃなこともしてました（笑）。

若い頃には結構そういうことが続いて、女友だちでも、付きあいかけた人でも、それほど真摯な気持ちがなかったり、簡単に去って行くもんなんやなって感じてた。

恋愛や友情の面で、何度かそういう悲しい思いをしたことがあって、ちいの心のどこかに、「根本的な人間不信」みたいなものがあるのかもしれない。

そして、そのメンヘラを最大限にこじらせてしまう決定打になったのが「離婚」。

離婚の話が出て別居し始めてから、離婚届を提出するまで、実は7年間かかってる。

離婚の経緯に関しては、お相手のこともあるので細かいことを書けないんやけどね。

もし琉ひめの存在がなければ、別居して秒で離婚していたはず。

この、別居してから半年前後が、ちいの闇堕ち全盛期やったと思う。

ちいがひとり、屋根にのぼった夜のこと

この頃、ちいの心に引っかかっていたのは、「自分たちの感情ひとつで、子どもたちの父親を奪うことになったらあかん」っていう思い。

この頃は、「シングルマザーになる」という選択をすることについて、ちいのなかで相当に抵抗があったのも事実。

今でこそ、いろいろな経験を経て、そんなふうには全然思っていないんやけどね。

当時のちいは、シングルマザーになる選択をすること＝自分の都合で子どもから父親を奪う、みたいな印象を持ってたから。

だから、自分や相手の気持ちに反してでも、仮面夫婦でもいいから「家族というカタチ」にこだわった方がいいんかな、っていう気持ちがあった。

だから、この頃の精神状態は本当に不安定で、いつも葛藤してて、いつも不安やった。

常に誰かと一緒にいないと、心がどうにかなっちゃいそうやったよね。

その夜もそんな感じやった。

ちいはあんまりよく覚えてへんのやけど……。

―記憶しているのは、屋根から落ちようとしたちいの腕を掴んで、絶対に離さへん、っていう勢いで引っ張ってくれた浩ちゃん（母親）の手。

ちいの部屋からベランダに出て屋根に登るには、浩ちゃんの部屋を絶対に通らないといけないのね。浩ちゃんからしたら、なんだか暗い顔をした娘がフラーっと自分の部屋を横切って、なぜか用もないはずのベランダに出て行った……、という状況で、慌てて追ってきたんやと思う。

しかも、この頃のちいは、こんなこと以外にもリストカットやらなんやら、それはもう今からは考えられへんほどのメンヘラ具合やったから、本当に浩ちゃんだって心配してたと思う。

でも、そんな状況からちいを救ってくれたのは、やっぱり他ならぬ琉とひめやった。

当時、琉が2歳、ひめは0歳。

ちいは昔、携帯ショップで働いていたんやけど、浩ちゃんが琉ひめのお世話をしてくれているおかげで、ふたりとも浩ちゃんに懐いてた。

安心して任せられる状態やったこともあって、ちいは仕事以外でも琉ひめを浩ちゃんに預けて、離婚にかかわるいろいろな愚痴を友だちに聞いてもらったり、ストレス発散のために息抜きしに出かけることも結構あったんよね。

その頃は、ただ遊びたいというよりは、やっぱり誰か友だちと一緒にいて、何か話してないと自分がどうなっちゃうかわからない、っていう気持ちが大きかった。

でも、そんなちいがふと我に帰った出来事があったの。

それは、その頃同じショップで働いていたシングルマザーの先輩が言った言葉。

「子どもって、どんなに帰りが遅くなっても起きてママを待っとるよね。

どんなママであろうと、絶対に待っててくれるのが子どもやからな」って。

その言葉を聞いて、帰宅して琉とひめの顔を見た瞬間、ちいの心の中を覆っていた黒いものがすーっと消えて行った気がした。


琉とひめのために、自分がちゃんと生きなきゃいけないんだ。

そういう絶対的な覚悟ができてしまった瞬間やったと思う。


正直、ちいは完璧なママじゃないし、メンヘラやし（笑）。

若い頃から、自分で自分の人生を終わらせちゃおうだとか、そんな弱いことを考えたことも何度かはあった。

でも、この瞬間から、もう絶対に死ねない理由ができてしまった感はある。


この先、自分で自分の命を終わらすことは絶対にない。

そう言い切れるのは、琉とひめという存在があるから。

そんなふうに「死」というものを身近に感じていたからなのかな。

そうなると今度は、ちいが死にたくなくても、もし死んじゃったらどうしよう、っていう気持ちが、常に心のどこかにあるようになったんよね。

人間やから、誰だって、いつどうやって死ぬかはわからん。

避けられん不可抗力なら、こればっかりは自分の都合では決められへんことやから。
そんな思いが、ずっと心にあったからか、ちいはいつの頃からか、こんなふうに思うようになってた。

「明日死んでも後悔ないくらい、今日、琉とひめに最大限の愛情をかけよう」って。

琉とひめにそれを言うと、「なんで～」って笑ってるけど、ちいは至って本気。

明日死ぬかもしれないなら、絶対に後悔しないくらい、子どもに愛情を伝えたい。

ちいはね、絶対的に自分のことを裏切らないのは、親と子どもだけって思ってる。

ここに対しては人間不信のかけらもなく、ちいは１００％信頼してる。

まあ、浩ちゃんはいまだに何かあるたびに言ってくるんやけどね。

「あんた、また屋根登らんといてよ！」って。

ちいの両親、浩ちゃんとにいちゃん

ママになる前、親のことは、ずっと好きじゃなかった。

それこそ、「あなた一生反抗期なんですか?」っていうくらいに(笑)。

小5くらいからかな。ずっと家を出たい、自立したい、って思ってた。

実際に、高校に入ってからはすぐに実家を出て、祖母の家への居候をスタート!

これには、進学した高校が実家より祖母の家の方が近かったから、っていう物理的な理由もあったんやけどね。


でもね、一生反抗期とはいえ、ちいの親は全然毒親なんかじゃなかったんよ。

家族でたくさんお出かけもしたしね。

仕事で忙しかったはずのにいちゃん(父親)が、休みの日は長時間車を運転して色々なところに連れて行ってくれたのは、子どもながらに嬉しかった記憶があるし。


母親の浩ちゃんは、少し心配性だけど子供のことを一番に考えてくれるような母親。

いま思えば、まさに教科書に出てきそうな主婦・母親の鑑。

ちなみに浩ちゃんが設定していたちいの中学校までの門限は、夕方17時（笑）。

何はさておき子どもを守りたいし、子どものことが第一優先、って感じやった。


浩ちゃんにはいまもサポートしてもらっているけど、家事は全般に渡って完璧やし、ちいや琉・ひめにとっては、まさにドラえもん的存在（通称：ひろえもん）！


父親のにいちゃんは、昔ながらのＴＨＥ・頑固親父な気質。

平日の朝は早く出て行くし、帰りは遅いからあまり密に会う感じでは無かったけれど、かなり亭主関白的な感じなのは今でも変わらん。

口調も荒いし気性も荒い、みたいなね（笑）。

何だって、にいちゃんがいいよって言えばいいし、ダメだと言えば絶対にダメ。

でも浩ちゃんは、そういう父親のフォローもしながら、いつだってちいの夢に寄り添って応援してくれてた。

「にいちゃんにバレないように、あんた、こうしときや！」みたいに。

ちいが芸能界を目指して「劇団に入りたい」って言ったときも、「あかん！」の一点張りやったにいちゃんに対して、浩ちゃんだけはちいの側に立って、寄り添うように味方になってくれたのを覚えてる。

こんな感じで、まあ言ってみればごく普通の親子関係やったから、親が好きじゃなかったとか自立したかったとかいっても、いま思えばただの思春期の反抗やったんやと思う。単純に、親と一緒に出かけてるところを見られるのが恥ずかしいとか、そんな他愛もない感じやったかな。

ちなみに、ちいの最大の反抗期といえば、やっぱり高校時代。

浩ちゃんが学校に呼び出されることもあったし、なんなら三者面談どころか五者面談をしたこともあります。

このときは、ちい、浩ちゃんの向かいに担任、学年主任、生活指導の先生がいて、最終的には教頭先生まで参加してきて、すごい人数になってた覚えが……(笑)。

話し合いの内容は、勉強面やったり、校則違反による生徒指導だったり。

ちいは当時から自分がしたいメイクやファションをどうしても諦めたくなかったし、

なんでダメなのか、そのダメといわれる理由に納得できない気持ちもあったんよ。

だから、生活指導の先生に捕まったりするなんて日常茶飯事やった。

よく意味がわからない校則なのに、なんで守らなあかんのか、なんでみんなまったく同じようにせなあかんのか、納得いかないから言う通りにはできん、って。

浩ちゃんは、それによってぎゃんぎゃん怒るような母親ではなかったけど、いまとなってはたくさん迷惑をかけて、本当に申し訳なかったな、って思ってる。


子どもとしてのちいはそんな感じ。

ただね、琉とひめが生まれて自分が母親になって初めて気づいたことがあって。

それは、「親視点」から見える世界は、「子ども視点」で見ていた世界とはまるで違ってみえる、っていうこと。


ちいは浩ちゃんみたいに鬼のような門限を設定したりはしないけど、やっぱり子どもに何かあったらどうしよう、って不安になる気持ちはすごくわかるようになった。

「なんで浩ちゃんはそんな過剰に心配性なん?」って思っていたけど、自分が親になってみれば理解できる部分もあるんやなって。

これは「親視点」じゃなければ気づけなかったことかもしれない、って思う。

それに、琉とひめとたくさんお出かけして、たくさんの経験をしてもらいたいって思ってるのも、ちい自身が子どもの頃、親にいろいろなところに連れて行ってもらって嬉しかった記憶があるから。

いつか琉とひめに譲れない夢ができたら、浩ちゃんにしてもらったように、ちいもいちばんの味方として、気持ちに寄り添って夢を応援してあげたい。

小さなうちは、にいちゃんみたいに、どんなに仕事が忙しくても一緒にお出かけして、いろいろなところへ行って思い出を作ってあげるママでいたい。

やっぱりそんなふうに、浩ちゃんやにいちゃんからしてもらっていたことを、ちいも自然とお手本にしてるところがあるんやと思う。

でもね、そう思う一方で、子どもの頃、「ちいは本当はこうしたかったのに！」ってちょっと不満に思っていたことなんかも結構あるんよね。

だから、琉とひめにはできるだけその「本当はこうしたかった」っていう後悔の気持ちが残らないようにしてあげたい。

どんな親にもきっと、見本にすべき部分と反面教師にすべき部分ってあるはず。

親からしてもらって嬉しかった部分は自分の子どもにもしてあげて、反対に、嫌だったことは子どもにもしない。

これが、素敵な親子関係を築くうえで、ちいが大切にせなあかんなって思ってることのひとつ。

子どもたちには、ちいにできることなら何でもしてあげたいと思うし、何よりも一緒に楽しみたい。ちいがいわゆる普通の親子関係よりも、友だち親子な関係性に憧れるのも、そういう思いから来てるんやろうな。

シングルマザーの恋愛話、ちいが思うこと

愛する琉とひめ、そして家族のサポートもあって〈メンヘラ闇めろち〉を脱しつつあったちい。あきたんとの恋愛もなんだかんだと長く続いて、遠距離恋愛の交際相手から同居を経て、いまではファミリーの一員に。

動画にもちょこちょこ出演してくれていることもあって、親戚ちゃん等にも認知される存在になったあきたん。

琉とひめに、あきたんとの交際を正式にカミングアウトしたときの動画の再生回数が伸びたこともあって、ちいもたまに「シングルマザーの恋愛」について相談されることがあるんよね。

これに関しては、人それぞれいろいろな考え方があると思うんやけど、シングルマザーの恋愛、めろちは全然いいと思う。

シングルマザーで子どもがいるとはいえ、それ以外の面ではひとりの女性。

いい出会いがあって、好きになれるような人ができて、思いあうことができたなら、「会いたい」とか「ずっと一緒にいたいな」って思うのは当然のことやと思う。

ただ、ちいの考えとして一点だけ！

そういう幸せな恋愛する中でも、子どもの存在が頭から消えちゃうなら絶対ダメ！

子どもの優先順位が下がってしまうのだけは、論外やなって思う。

たとえ自分が恋愛して幸せでも、それによって子どもが寂しい思いをしたり傷ついたりするなら、それはもうちいにとっては「幸せ」にはカウントできないことやから。

ちいの場合、外出時には浩ちゃんに琉とひめを見てもらっていたから、あきたんとのデートの時間に安心して預けられることが本当に大きかった。

それがなかったら果たしてちいは再び恋愛できてたのかな、とも思うから、心から信頼できる預け先があったのは、本当にありがたいことだと思って感謝してる。

それに、ちいは新しく彼氏ができても、絶対的な信頼関係を築いていないうちに子どもには会わせたくないと思うタイプ。だから、ふたりで会っている時の見極めが大事。

この人なら大丈夫やな、って一定の確信が持てる人じゃないとムリ！　この見極めタイミングはいちばん難しいと思うんやけど、ちいなりのポイントはこの3つ。

①ちいのことを好きになってくれることはもちろんやけど、ちいだけじゃなくて、ち

いにとっていちばん大切な子どもたちのことを気にかけてくれる。

②家族仲が良くて、その関係性をうまく築くことができている。

③第一優先なのは恋愛やなく子ども、ということを理解して行動してくれる。

あきたんとの恋愛がいまのかたちに育つことができたのは、ちいの譲れないこういうポイントを理解してくれていたからこそなんかなって思う。

例えば、ふたりで楽しい時間を過ごしている中でも「あ、そろそろ帰った方がいい時間帯じゃない？」って時計を見て時間を気にしてくれたり。

ちいを通して、その向こうに大切な子どもがいる、っていう意識をしっかり持っていてくれて、ちいの気持ちを守ってくれたからこそ、いまの関係が築けたのかなって思う。

だから、「シングルマザーの恋愛」によって子どもが傷つけられるようなニュースを見るたびにすごく悲しいいし、ありえなすぎて不思議な感覚になる。

彼に会いたい気持ちを優先して、預け先もなく、食べるものもないのに子どもだけ置き去りにしたっていうニュースもよくあるけど、放置された子は、どんな気持ちでママを待ってたんやろう、って思うと心が締めつけられる。

どうやったらそんなことができるん？

なんでこんなことが起きなあかんのやろ……って。

その子の存在がいちばん大切な宝物じゃなかったん？って。

あとは、男が子どもに暴行しているのにママが止めない、とか、ましてや一緒になって虐待したとか。ちいなら、その間違って付きあってしまった男をぶん殴って、○してでも子どもを守りたい。

だから、もしシングルマザーで好きな人がいる方、お付きあいをしようとしている方がいるなら、何はなくとも子どもを優先することや、子どもにとって信頼に値する人間性が相手にあるか、っていうことは、どうか正しく判断して欲しいなって思う。

恋愛することで笑顔に、幸せになれてるママもたくさんいるからこそ、「相手の女性には大切な子どもがいる」っていう意識をしっかり持ってくれている人を選ぶのが大事なんやないかな。

ちなみに、コメント欄でもよく聞かれるちいの「結婚」についてのお話を少しだけ。


あきたんと出会う前のこと。

ちいは、「結婚は二度としやん！」「もう絶対にしやん！」って心に決めてた。

それは、「もう二度と〝闇めろち〟にはなりたくない」って思ったから。

でも、あきたんと出会ってからは結婚もワンチャンありかな、って。

そんなふうに考えも変わりました。

そういうふうに変われたのは、ちいたち親子に加わってくれたあきたんと、ファミリーとしての温かい関係性を築くことができたって思えたから。

子どもたちも、家では「あきたん」って呼んでいるけれど、友だちと家族のことを話すときや、学校での会話では「お父さん」っていう認識でいるみたいやしね。

ただ……。現在のちいの気持ちとしては、さらに変わった部分があって。

それは、「結婚って必要性あるのかな」ということ。

結婚によって環境が変わって、これまで離れて暮らしていたけど、一緒に住むようになるよ～、とかであれば話は別なんやけどね。
結婚してもしなくても、何ひとつ変わらないであろう、ちいめろ家……。
そうなると、いまさら紙切れ一枚契約みたいな「結婚ていう概念」に囚われる必要ってあるんかな、っていうことでもあるんやけど。

まあね、手術が必要とかで、家族の同意書はどうするなんていう話もあるから、この先しっかりいろいろ考えておかなきゃいけないことではあるんやけど、大至急せなあかん、っていう話でもないんかな、って。

いまの時代、いろいろな家族の形があってもいいと思うから♡

Chapter 3

「ちいが子育てで大切にしてること」

ありがたいことに、たくさんの親戚ちゃんたちから「ちいめろは子育て成功してるね♡」みたいなコメントをいただくこともあるんやけど、ちい自身では全くそうは思えないことも多々あって。

それどころか、「ちい、子育てに失敗したかもしれん……」ってドヨ〜ンとした気持ちになることだってちょいちょいある！

例えば、ちいって世話焼きなところがあるんやけど、食器を下げるのでもなんでも、先走ってやってあげちゃう癖があるんよね。

そうなると、琉なんかはもう全っ然、自分からは動かんし。

ママのために何かしてあげなきゃ、っていう意識もゼロ。

うまいことお手伝いする子に育ってるよ〜、っていうママがいたら、むしろそんな子に育てる方法を教えて欲しいくらい（笑）。

逆にみんなはどうしてるん？

育児書とか読んでるんかな？

世の中には立派な育児書や子育て本、子どもにとって「ためになる本」がたくさんあると思うんやけど、実はちい、いわゆるそういう育児書って読んだことがないんよ。
正直なところ「子育ての正解とか、成功って一体なんなん？」って感じ。
だから、そんなちいが子育てを語るとは……、と思う方もいるかもしれんよね。
でももし、ちいの発信する動画を見て「幸せそう」とか「こうありたいな」って思ってくれる方がいるとしたら……。

それやったら何が伝えられるんやろう。

そんな視点で子育てについて考えてみたときに思い浮かんだのがこの10ヶ条のお話。

ちいは、普通はこう、一般的にはこう、って考えるより「何が琉とひめにとって幸せか」、「どうしたら家族が楽しくいられるか」を基準に考えてる。

だから、この10ヶ条も完全にちいめろオリジナルの考え方です。

あくまで、「ちいはこうしてる」というものなので、ヒントになる部分だけ参考にしたり、自分流にアレンジしたりしていただけたら♡

この10ヶ条を通じて、少しでも育児で悩んでいる方の心に寄り添うことができたり、お悩み解決のヒントになるようなことがあれば嬉しいなって思います。

ちいめろ流♡子育て10ヶ条

1

親子の信頼は上下関係じゃなく愛ある人間関係から

基本的に、ちいの親子関係のベースになっているのは「友だち親子」。

親子って、年齢的なものもあるし、肩書き的にはそうしないといけない……みたいな意識が生まれちゃうのか、どうしても親が上、子は下、って考えがちやない？

でも、ちいめろ家には、そういう上下関係が存在しないのが最大のポイント。


琉は大好きな彼氏的存在。

ひめちゃんは大好きな親友的存在。


ちいが常にこの視点で子どもを見ているって思って読んでいただけたら、この10ヶ条の内容についても、きっと「そりゃそうやな」ってわかっていただけるはず。

やっぱりちいの理想として「見た目も心も若いママでいて、子どもとは友だち同士みたいな関係を築きたい」っていうのが第一にある。学校のことはもちろん、おしゃれやメイク、恋愛のことまで一緒に盛り上がれるような、そんな関係性っていうのかな。

昔からそういう親子関係に憧れがあって。

ちいのママ・浩ちゃんは、良き母親ではあったけど、ものすごくちゃんとしていたこともあって、友だちみたいなママ、っていう表現はしっくりこなかった。

呼び方を「ママ」や「お母さん」じゃなく、「浩ちゃん」って変えてはみたものの、それだけでいきなり「友だち親子」にチェンジできるわけでもなかった。

やっぱり親子は親子らしく「縦の関係」みたいなところはあったと思う。

だから余計にそういう関係性の親子に対して憧れがあったんやろうね。

ちいは若くして琉とひめを授かったけど、実年齢に関係なく、若々しい感覚を持ったママで、子どもと同じ視点で話をできるっていうママもきっとおると思う。

まあ、ちいは永遠の18歳やから、実際に琉ひめとは同年代やけどね（笑）。


ちいはこれまでも、親だからといって上からものを言っていいとか、自分が決めたことを子どもたちに押しつける、っていうのはありえへんことやと思って生きてきた。

というより、そもそもそういう発想が全然なかったの（笑）！

みんなで参加するイベントごとやお出かけのときにも、琉やひめがかかわることなら、ちいの方から結構ふたりに相談したりもしてるくらい。

例えば、琉の小学校の卒業式に出席する時の髪色。自分がしたい髪色よりも、琉から見て「ママが来てくれて嬉しい」って思ってもらえることを優先したくて。「こんな感じでいいかな？」って琉に聞いてみたりしてた。

ひめとライブや推し活にふたりでお出かけするときも、「今回はどんな感じのコーデで合わせていく～？」「ヘアアレンジはどんな感じにしよっか？」みたいな感じ。

もし意見が分かれたりしたら、もちろんそこは、琉とひめの意見が第一優先！

子どもの意見が明確やなくても、まずは気持ちに歩み寄ることが大切かなって思う。

特に卒業式なんかの学校行事は、彼らにとっては一生に一回のライフイベントやから、「こうだったらよかったのに……」って思う気持ちを残して欲しくないんよね。


なんでも「こうしなさい」「ああしなさい」って言ってしまいがちなママも、きっとおるとは思うし、そこには「良かれと思って」っていう気持ちもあるはず。

その言葉の裏には、子どもより少し長く生きてる分、経験値があるっていう思いや、自分が失敗したことへの反省、とかもあるやろうしね。

そういう気持ちも少しわからんでもないけど、それでもやっぱりちいの場合は、「もし友だちやったら、そんな言い方はしないやろ」って感じてしまうんよ。

仲良しの友だちや大好きな彼氏に対してなら、絶対そんな言い方しないやん、そんないきなり上からな対応しないやん、っていう気持ちが常に根底にある。

きっと「親だから」そうしちゃうだけなんじゃないかな？

じゃあ、「親だから」って、なんやろうなって思う。

ひとりの女の子がママになって、急に「親」という存在になったからって、突然完璧な人格になって、明確に正しい答えを出せるようになるんかな？

ちいは、そんなことないと思う。

ママになってもわからないことだらけ。

わからないから、大好きな子どもの気持ちを聞きたい。

それを聞いて少しでも大好きな琉とひめを理解したいし、気持ちを知りたい。

「親だから」、自分が正しいと思うものを上から押しつけていいわけないし、「親だから」、子どもにとっての最善が１００％理解できるわけでもないと思う。

琉やひめにとっての最善は、ふたりがいろいろなことにチャレンジして、自分の力で考えて、行動していく中でしか見つけられへんものやと思うから。

ママとしてのちいは、それをいちばん近くで、めいっぱい応援する役がいい。

　ちいはね、よくよく考えたら（考えんでもやけど笑）、やっぱり琉のこともひめのことも大っ好きなんよ。

大好きな人の好きなもの、って知りたくならない？

いま、何にいちばん興味があって、何に魅力を感じてるんやろうって。

ふたりとは、友だち同士で話すのと同じくらい盛り上がりたいから、いまハマってるものを知れば知るほど、さらに深い話も一緒にできるようになるしね。

「子どもの話を聞いていても、なんの話をしてるかわからんし、好きと言われても、それの何がいいのかわからん」みたいなことって、世の中の親子ならよくあるのかもしれないけど、ちいはそういうの、ちょっと寂しいと思っちゃうタイプ。

だって、いま琉は「ホロライブ」っていうバーチャルアイドルの猫又おかゆちゃんっていうキャラが好きなんやけど、その話をしているときの琉、めっちゃ嬉しそうなんよ。

一緒に買ってきたグッズを開封しているときもニッコニコやからね。

それを見ているちいまで嬉しくなって、ニヤニヤしちゃう。

子どもたちのそういう笑顔を見ているときが、日々の暮らしのなかでの幸せやな、って思う。

2

子どもの気持ちをスルーせず、しっかり心を傾ける

「友だち親子」を目指してきたちいがものすごく大事にしていること。

それは、親子の会話。

お互いを信頼しあっていて、なんでも話せる家庭環境って、ある日突然にできあがるものじゃなくて、それこそ毎日毎日、３６５日の積み重ねの向こうにしか出来ない世界やと思うんよね。

ちいも、普段からことあるごとに「琉ちゃんどう思う？」「ひめちゃんどう思う？」って、ふたりに聞いてるんやけど、そういうコミュニケーションのひとつひとつが、大好きな琉とひめを理解することに繋がってるんやろうなって思う。

ちいとしては「子育てを意識しての行動」というよりは、単純に琉やひめとおしゃべりしたい、とか、ふたりがどう思ってるかを知りたい、っていう自分の好奇心でやってることなんやけどね。

もし、「子どもが何を考えてるかわからない」とか、「思春期の子の気持ちがわからない」って思うママがいるなら、１日のほんの少しの時間でもいいから、毎日会話をするきっかけを作ってみてほしいな。

それから、子どもが話を聞いてほしいときに、ちゃんと心を傾けて聞いてあげるっていうことも、ちいが大事にしていることのひとつ。

仕事で疲れ果てていたり、家事で忙しいときのママにありがちなことかもしれんけど、子どもが何か話しかけてきても、タイミング的な問題で、どうしてもすぐには対応できないときだってあるやん？

そんなとき、「ちょっと待っとって」って言ったまま放置しちゃうことってない？

ちいにもそういうタイミングがたまにあるんやけど、「待たせてるから、ちゃんと忘れずに話を聞きにいかなきゃ」っていう意識だけは忘れないようにしてる。

親からしたら、ものすごく忙しい中で、子どもの小さな要求を忘れちゃうのは仕方のないことなのかもしれないけど……。

「待っとって」ってママに言われて、一生懸命その時が来るのを待ってた子どもからしてみたら、それを忘れられちゃうって、ものすごく寂しい気持ちになることやんな。

大袈裟かもしれんけど、そういう「小さな約束ごと」を守る意識って、きっとその先の親子間の愛情とか信頼関係にも、深く関わってくるんじゃないかな。

「ちょっと聞いてほしいことがあったんやけど、ママは聞いてくれなかったな」とか、「忙しそうだから話しかけても無理かな」って思う経験が積み重なっていくうちに、子どもが親に期待していた気持ちも、「ママに言っても仕方がない」っていう失望に変わっていっちゃう気がするんよね。


あとは、せっかく会話があっても、子どもの意見や気持ちに対して上から「親目線」で否定したり、心配だからといって反対しちゃう、とかも良くないのかなって思う。

ちいは、基本的には琉やひめの意見を否定することはしないんよ。

どんなに不思議な意見でもいったんは受けとめて、どうしてそう思うのかを本人の口から聞くようにしてる。


親は、子どものことを何でもわかった気になりがちやけど、意外とそうでもないと思うんよね。

子どもだって毎日いろいろな体験をしたり、情報に触れたりするなかで成長してるし、親が思いもよらないことを考えていたりもするんやろうから。

そんな話を毎日聞いて、子どもの成長を感じられるのもママの楽しみのひとつやんな。

それに、ちいの場合は子どもの気持ちや意見を聞くだけじゃなくて、自分のことも結構話したり相談したりしてるほうやと思うんよね。

もしも、ちいが人生の大きな決断をするとして……。

例えば「お仕事を変えようと思います」とかね。（実際そんな予定はないんやけど笑）

そういう場合はやっぱり琉とひめにまず相談したいし、ふたりの意見を聞きたい。

その内容がどんなものであろうと、ふたりの言葉を尊重したいなって思う。

もちろん、本人たちにも答えがあやふやで、モヤっとした意見なら、ちいの気持ちをしっかり伝えて理解してもらおうと思うけど、子どもたちの意見が明確で的確だなって思えれば、琉とひめの気持ちのほうを最優先にするつもり。

ふたりの気持ちのなかで、「こうしたいから」とか「これはイヤ」っていう理由がはっきりしていて、ちいが納得できることなら、その言い分ををちゃんと聞いて、受け入れてあげたいなって思う。

だって、大好きな彼氏や親友に大事な相談をしたとしたら、って考えてみて。

彼らが真剣な気持ちで意見をしてくれたら、ちゃんとその話に耳を傾けるし、その気持ちを尊重したいと思うやん？


子どもとの関係でも、そんなふうでありたいな、ってちいは思う。

対等な関係っていうんかな。

子どもの言葉も聞かずに、勝手に子どもの気持ちをわかった気になって、母親ぶっちゃうようなママにはなりたくないなあ、って。

それに、子どもの話を聞くだけじゃなく、ちいのほうも心を開いて話すようにしていれば、ふたりにもし反抗期が来たとしても、本音で気持ちを話してくれるんじゃないかな、って思うから。


ちいは、琉とひめにとって「なんでも話し合えて、この世でいちばん信頼できる身近な存在」でいたいし、この先もずっとお互いにそう思いあえる関係を築けたらいいなって思ってる。

3

スキンシップ＆笑顔は１００の言葉より愛が伝わる！

―100の言葉よりハグで伝わる想いがある♡

YouTube動画を見てくださっている方はご存知の通り、ちいめろ家ではハグは日常茶飯事。子どもたちと接するときも、もちろんおもちちゃん（ちいめろ家で飼っているポメラニアンのおもちちゃん）と一緒にいるときも♡

やっぱり、ハグしたり触れ合ったりすることでお互いの愛情と温かさが伝わると、それだけで絶大な安心感を得られるんじゃないかな、って思う。

そんなわけで、ちいがとにかく大事にしているのがスキンシップ。

ちいにとって、琉やひめとのハグはもはや「充電」といってもいいくらい。

この前も、お仕事で東京に打ち合わせにいったときの帰り道、気象状況の問題で新幹線が止まっちゃうっていうハプニングがあったんやけどね。東京からちいめろ星までは結構な距離があるもんやから、家に帰り着く頃にはもう、疲労困憊で……。

もう夜やったし、子どもたちも寝てるかなって思ってたから、ちいは玄関を開けてへロヘロの状態でソファに倒れ込んでたの。

そんなときに我が家の天使、琉ちゃんが「ママ、おかえり~♡」って現れて！

その可愛い笑顔を見た瞬間、体の芯まで満ちてた疲労感が、ホワワワ~って溶けて、流れ出て行ったんよね。

恐るべし天使パワー。癒しの琉ちゃん。

さらに「琉ちゃん、ママ疲れたからぎゅってして♡」ってりゅうに言ったら、「いいよ~」ってハグしてくれたうえ、「え。こんなんでいいの?」って。

可愛過ぎん？

充電完了して疲労も吹き飛んだちいは、思ったんよ。

「いや、うちの息子イケメンが過ぎるわ」って（笑）。

琉もなかなかに思春期な年頃になったけど、まだこんなふうに「ギュ♡」ってしてくれるんや、って思ったら嬉しかったなあ……。

そんな感じで、家族間スキンシップが大好きなちい。

何がいいかって、ハグしたり触れ合ったりしているときって、絶対みんな嬉しい気持ちになるし、自動的に「笑顔」になるやん？

同じ1時間なら、つらい気持ちで過ごす1時間よりも、笑って過ごす1時間のほうが断然幸せやなって思うから。

同じ人生の時間があるのなら、ちいは極力笑っていたい。

そのほうが運気も上がると思うし、なんとなくやけど、いいことが起きそうじゃない？

うちのおもちゃんなんて、デフォルトの顔がにっこり笑顔やからか、可愛いが過ぎてみんなに愛されとるし♡　まあ、ワンちゃんはともかくとして、人間って、その顔や表情にいろいろなものが現れると思うんよ。

例えば、おっとり優しい人は穏やかでにこやかな顔をしとるし、意地悪なことばっかり言うような人はやっぱりそういう顔しとるよね？

そう思うと、どっちが先かわからんけど、やっぱり笑顔で過ごしていたら自然と心の内側も満ち足りて、幸せな気持ちになりやすいのかなって。

まわりの人にもそういう空気感って伝わるものやと思うから、ちいはやっぱり笑顔で過ごして、家の中を楽しくて幸せな雰囲気で満たしたいなって思う。

部活や塾で疲れて帰宅したときの子どもたちは、たまにちょっとローテンションなんかな、っていうときもあるんやけどね。

そんなときも、家で待ってるちいがハイテンションで楽しそうにしてるだけで、なんか「つられ笑い」っていうんかな、気づいたら子どもたちも巻き込まれて笑顔になっちゃう、なんていうシーンも多い気がする。

みんなで大笑いして盛り上がっているうちに、家の中の空気感が一変するのがわかるんよね。学校や部活での疲労感も「笑い」には負けちゃう、って感じなんやろうな（笑）。

ちいは、そういう家族の楽しい雰囲気が大好き。

ちなみに、ひめは家族の表情変化の読み取り能力がハンパなくて、ちいが少し疲れてたりすると、すぐに気づいて「どうしたん？　元気ないん？」って気遣ってくれたりする。やっぱりそのへんは女のコならではの繊細さなのかな～って思ったりする。

ひめからしても、やっぱりママが笑顔でいたほうが嬉しいんやろうね。

そんなわけで、もしも琉やひめが悲しそうな顔で帰ってきても、「楽しそうオーラ」で制圧して笑顔にチェンジしちゃうのがちいめろ流♡

もし、この本を読んでくださっている方で、「お子さんが思春期・反抗期で笑ってくれなくなった」とか、「家の中の空気感がなんだか寂しくなったなあ……」なんて感じてるママがいたら、まずはママから笑顔になることを試してみてほしいなって思います。

子どもが暗い顔をしているときにママが暗い顔で向きあったり、機嫌が悪い子どもに対して怒ったり小言を言ったりして余計に空気が悪くなっちゃった、っていうのは、「親子あるある」やと思う。

合わせ鏡みたいに、相手と同じように対応しちゃったら、きっと余計に悪化しちゃう。

ママは気楽に「うんうん、そういう時期もあるよね～♪ママも昔こうやった、ああやったわ～」くらいのテンションで、アゲアゲに接したらいいと思うんよね。

子どもの中でむくむく育ったトゲトゲも、きっとそのうち「ママの笑顔」に負けちゃうはずだから♡

4

「大好き&可愛い♡」っていう愛情ワードは暮らしの一部

ハグしちゃうのと同じく、琉やひめ（あと、おもちゃんね♡）を目の前にすると「大好き」「可愛い♡」って、ついつい口に出しちゃうのもママめろの特徴。

これ、完全に無意識なんよね。

ちいめろ家では、実際の家庭の空気感と、動画でお見せしている家庭内の空気感にほとんど差がないので、見てくださっている方はわかると思うのですが、あんな感じで、常日頃からわちゃわちゃしてます（笑）。

琉やひめに対して、ついつい「可愛いなあ」とか「大好き～」ってなってしまうのは、本能的なもの。マイメロちゃんを見て、感情が赴くままに「可愛い！」って言っちゃうのと同じで、ちいの口から勝手に言葉が飛び出してくるんよ。

これはね、もう未来永劫、変わらん気持ちやと思う。

小さいから、幼いから可愛いんじゃなくて、我が子やから可愛い。

何歳になっても変わらんと思う。

お子さんのいるママならみんなそうじゃない？

口に出すか出さないかは別問題として、自分の子どもを目の前にしたら「やっぱりうちの子は圧倒的に可愛いなあ♡」って思っちゃうし、言いたくなるのが本能やと思う。

可愛いからよしよしするし、抱きしめたいと思った時にはもうすでに抱きしめてる。

これもちいにとっては本能的な動き。

子どもたちからしても、もうそれが日常になっとるから特になんとも思ってないんじゃないかな。本来なら、年齢的には照れくさいとか、恥ずかしいとか思うようになってくる年頃かもしれんけどね。

同年代の子と比べたら、ふたりとも結構普通に受け入れちゃってるみたい。


あ、でも「琉ちゃんもいよいよ思春期なんかな」っていう変化もあって、琉に関しては、外ではちいと手を繋いでくれなくなりました（笑）。

本人が「もうママと手を繋ぐのはイヤや」って明確に言ったわけじゃないけどね。


小学校の後半くらいからだったかな。

外にいるときに、ちいの方から「琉～♡」って手を繋ごうとすると、慌てた顔で「ママ!!」「マ、マ…」ってなって、繋いだ手をスーッと引き抜くようになったの。

何回かそういうことが続いて……。

そして「ちいめろは察した」。みたいな感じ（笑）。わかります？

家にいるときは相変わらず、ちいの手をなにげなくニギニギしてきたり、「ママーっ♡」て甘えてきたりとかも普通にしとるんやけどね。

琉のなかで、そういうオンとオフの意識が出てきたんやな、っていうのは感じる。

ひめちゃんのほうは相変わらず、ちいのこと大好きなのがあけっぴろげなので、外でも金魚のフンみたいにちょこちょこくっついてくるのが可愛くて♡

もちろん、手も繋ぐし、洋服のコーディネートやヘアアレンジもお揃いにしたりして「友だち親子」を満喫中。

ひめちゃんのヘアアレンジは褒めていただくことも多いんやけど、ちいとしては「娘にヘアアレンジをしてあげている」というよりは「自分が作品づくりを楽しんでいる」感覚に近いと思う。（もちろん、ひめを可愛くしてあげたいっていう思いもある♡）

ちいね、子どもの頃から勉強は嫌いやったけど、図工は大好きで、何かを創って、だんだん完成していく過程を楽しむタイプの子やったんよ。

だから、琉にホストの筋盛りヘアをしているときも、ひめちゃんにコスプレ再現ヘアをしているときも、そこには「芸術家ちいめろ」が爆誕してる。

琉やひめを可愛く、かっこよくするのは、ちい自身の趣味やから♡やってあげる、っていう意識はあんまりないんよね。で、可愛く仕上がった琉とひめを見ては「可愛い！」「カッコいい！」「ヤバい♡」って絶賛するのがちいにとっての至福タイム！

ちいめろｃｈａｎｎｅｌの視聴者の方からのコメントで、「あんまり親から可愛いって言われたことがない」とか「親からブスって言われて育ったからひめちゃんが羨ましい」「私も親からこんなふうに愛されたかった」っていうような内容のコメントをいただくことがたまにあるんやけどね。

ちいは不思議でならないんよ。

もちろん、なんらかのメンタル的な要因があって、そういうふうにお子さんに言ってしまう親もいるのかもしれんけど……。

でももし、照れくさいとか恥ずかしいとか、甘やかしてしまうから、とかそんな理由なんやったら、どうにかして子どもにちゃんと愛情を伝える言葉をかけてあげてほしいなって思う。

その言葉は、きっと子どもがこの先頑張って生きていくエネルギーになるはずやから。

ちいはね、変な考え方かもしれんけど、「人はいつ死ぬかわからん」っていう思いが常に心のどこかにあるんよね。

もしもそんなハプニングが起きてしまうとしたら、「ああ、これを言っておいたらよかったな」っていう後悔だけはしたくない。愛情の「伝え漏れ」だけは避けたいなって。

だから、言わなきゃいけないことはその場で伝えるクセみたいなのはあるかもしれん。

明日死んでも後悔しないように、愛情は感じた時にすぐ伝える、みたいなね。

まあ、ちいの場合その瞬間があまりにも多すぎて、動画を見てくれてる人からしたら

「どんだけ好き好きやねん！」って思われちゃいそうやけど（笑）。

5

「人として大切なこと」は諦めずに伝える

ここまで読んでくださった方の中には、「ちいめろ、どんだけ子どもを甘やかすねん！」って思った方もいるかもしれません。

でも、意外や意外、ちいの子育て10ヶ条の中には、愛情を伝える系だけやなくて、これだけは守ってほしい、っていう「教育方針っぽいもの」もちゃんとあるんです。

それは、「人として大切なこと」は守ってほしい、っていうこと。

例えば、話を聞くときは相手とちゃんと目を合わせて話をするべきやし、人が話している時にはそれを遮って自分の話をしたらあかん、とかね。

あとは、年齢問わず、関わってくれる人に対してしっかり挨拶をすること。

どんなことでも、嘘は絶対につかないこと。

目上の人には態度も言葉遣いも、礼儀正しく接すること。

人をほんの少しでも傷つけるかもしれない表現は使わないようにすること…ｅｔｃ．

よく、ちいは子どもたちに、もし食べたくないものや見たくないもの、したくないことがあるときは、「これ嫌い」っていう表現じゃなく、「これ苦手」って伝えるようにしてね、って言ってるんやけどね。

これは、強い言葉の表現で、もし誰かがほんの少しでもイヤな思いや悲しい気持ちになりそうなことやったら、オブラートに包んで伝えたほうがいいよ、っていう意味。

嘘ではなくて、傷つけないための表現の工夫的なもの。


ちいはね、嘘をついたら何かしらの矛盾が生じて絶対にバレるし、人に悪いことをすれば、それは必ず自分自身にブーメランみたいに返ってくる、って思ってるんよ。

意外とそこは古風な考え方なところがあるんよね。

まあ、ちょっとしたヤンキーマインドみたいなのはあるのかもしれない。

だってほら、お姫様になる前は、ほんの少しギャルやったから（笑）。


今でこそ「親子関係は上下関係じゃない」なんて言ってるけど、学生時代は人付きあいの中での先輩・後輩の上下関係なんかには結構こだわる方やったと思う。

「自分より歳下なのにタメ口なんてありえへんわ！」なんて思ってた時もあったな。

筋を通すべきところは筋を通したい気持ちがあるんよね。

勉強は別に出来んでもいいけど、最低限ここはできなきゃあかんよ、っていう部分。

ちいの中で、ここまでやったら自由にしていいけど、これ以上は口出しせなあかんな、っていうポイントがあるの。そこに関しては、何回でも、琉とひめには丁寧に伝えてきたし、これからもそうするつもり。

友だち親子に憧れて、子ども目線で一緒に楽しんでいるちいではあるけど、経験値の面ではやっぱり、ママはママ。

人として大切な礼儀やマナー、思いやりに関することは、ちいの知っている限りの知識を伝えておきたい。それに、ちい自身だってまだまだ知らないことがたくさんあるから、新しい知識も吸収しなきゃあかんな、とも思ってる。

こういうことって、大人になってから「やったほうがいいよ」って言われても、いきなりできるものじゃない気がするんよね。

だからこそ、小さい頃からちゃんと教えてあげることで、それがしっかり身についていれば、大人になってから恥ずかしい思いをせずに済むんじゃないかな、って。

これは、ちいの人生経験から思うことなんやけど、人として大切にせなあかんことがわかっていれば、結果的に良い人間関係や信頼関係が構築できると思うんよ。

ちいって、こういう見た目やから、昔から「見た目」で損することが結構、多々ある。

昔からそうやったし、当然ママになってからもそう。

学生の頃のちいは、地味めな子が多かったちいめろ星近辺では浮き上がりまくっとったし、ママになってからも第一印象のヤバさは健在やったから。

「あんな格好してあんな髪色してるんやから、普通のママとは違うんやろな、絶対態度悪いんやろな、当然子育てなんてできてへんのやろな」って。

でも、そういう印象のちいが、「実は接してみたら意外と丁寧な人やったし、挨拶もしてくれたな。アレ？　意外と礼儀正しい人なんかな。アレ？」ってなったら、もう！

そのギャップで、一気にマイナスからのプラスアップやん（笑）？

そんな感じで、昔から愛嬌は抜群やったから、先輩には可愛がられるタイプやったし、ママ友づきあいでも困ったこともなくやってこられたんやな、って思う。

この見た目（自分の好きなスタイル）を貫きつつも上手く生きていくためには、その分、人としての中身を磨いて、そのギャップや愛嬌で乗り切ればええんや！　って。

琉にもひめにも、好きなように自由に生きてほしいけど、何よりも、人からちゃんと愛される人に育って欲しい。

見た目も可愛くあってほしいけど、それ以上に、人としての基本を大切に出来る人であってほしいんよね。

いまは時代的に、礼儀やマナーに関しては、ゆるくなりつつあるような気がするけど、ちいは昔もいまも変わらず、大事なことやと思う。

もし、そういうことを知らないまま大人になってしまったら、人生の大事な局面で「こいつ常識ないヤツやな」って思われちゃうかもしれない。

そうなったら結果的に人生で損してしまうのは、子どもたちやから。

「友だち親子」とはいえ、そこはしっかり線引きして、親として伝えなあかんことは伝えていこうって思ってる。

6

お金は「勝手に湧いてはこない」ことをしっかり教える

お金の教育、というほどかしこまったものではないんやけどね。

「お金の大切さ」とか、「お金の価値」というものに関しては、子どもたちにもきちんと伝えなあかんことやな、って思ってる。

実は、琉ちゃんがまだ小さな頃に「金銭感覚」にまつわる手痛い失敗談があって。

これは完全にちいのせいなんやけど、もっと早くからお金についてはしっかり教えなあかんかったな～、って思ったのがきっかけ。


それは、ＧＵＣＣＩのショップでの出来事。

琉は当時も今も、まったくハイブランドに格別な興味を持たない子なんやけど、いかんせん、ちい自身が「ＧＵＣＣＩを着ている琉が好きでたまらん♡」とこがある（笑）。

だから、琉にはお出かけの時にＧＵＣＣＩの服を着せたり、一緒にショッピングに行く機会もあったんやけど、それまで琉から「これ買って」みたいに言われたことはなかったの。でもその日、事件は突然起きたんよ。


いつもなら大人しくついてくるだけの琉が、突然展示してあるキッズ用キャリーケースを「欲しい」って言い出して、まさかの「買うまで帰らん！」な状態に。

最初に「あ！　これ欲しい♡」って言われた時は冗談かと思って「琉ちゃん、そんなん絶対使わんよ〜♪」って、ちいも軽く受け流してたんやけどね。

そのうちに、どうやら買ってもらえなさそうな空気を察したらしく、床にしゃがみ込んだ琉は、キャリーケースを抱きしめてちっとも離さへん状態に。

ちいも「まさか本気やないよね⁉」って思って様子をみてたけど、もう全然ダメ。

「絶対にこれが欲しい」って言って床にしゃがみ込む琉を結局説得しきれず、子どものキャリーケースにしてはかなりのお値段のものを買って帰ることに……。


当時の琉は、そのキャリーケースの値段も、それが生活の中でどれくらいのボリュームに値するのかも全然理解してへん状態やったと思うから、パッと見てすごく気に入ったものに対して、ただただ「欲しい！」ってなってしまったんやと思う。


このときばかりは、ちいも後から大反省したよね。

お金のことについて、もっと小さい頃からちゃんと教えておくべきやった、って。

それ以来、「お金の価値」「お金の大切さ」みたいなことは、ことあるごとに、琉とひめにもわかるように説明するようにしてきたつもり。

「お金って、どこかから突然降って湧いてくるものじゃないんやで。大人たちが一生懸命時間をかけて、たくさん試行錯誤しながらお仕事をして（ママの場合は文章を書いたり動画を撮ったり）、その頑張った対価としてもらえるもんやからね」って。

子どものうちは、そうやって親が仕事で得たお金のなかから、お小遣いとして一定の金額を渡されているわけやから。

たとえ毎月当たり前みたいにもらえるものでも、当然のことと思わずに、琉にもひめにも、その価値はしっかりわかっていて欲しいなって思う。

ちなみに、ちいのお仕事的なことでいうと、会社勤めの方に比べると安定感は全然ない。

これまでやってきたコンテンツ制作や発信って、やっぱり時代の状況やその時々のトレンドもあるから、良い時はとても良いけれど、調子が悪い時はだいぶ下がっちゃう、っていう側面もあるんよね。

毎月の収支だけでいえば、「ちい、株のトレーダーでもやってるんかな⁉」っていうくらい、乱高下しちゃうことだってよくある（笑）。

だからこそ、家計簿なんかも頑張ってつけるようにしてきたんやけどね。

ＹｏｕＴｕｂｅ動画を見てくださっている方はご存知の通り、ちいは昔も今も「さあ、お買い物をするぞ～！」というときは結構派手に買いがちなんよ。

だから、お買い物に関しては、いまやむしろ琉やひめのほうが理性的。

ちいが好きなブランドのバッグの値段をカミングアウトすると「え。高っ！」って呆れられちゃうくらい……（汗）。


それからもうひとつ。

お金のことでは絶対守って欲しくて伝えてきたことがあるんやけど、それは、「お金の貸し借り」について。

ちい自身も、どんなに仲良しな関係であっても、お金の貸し借りは絶対にしない。

「お金の切れ目が縁の切れ目」なんていう言葉があるけど、それまで信頼関係を築いてきた相手とも、お金が関係することでその関係が壊れたり、トラブルの元になったりすることって少なくないと思う。

そんなふうに、お金って、大切やし便利やけど、怖い一面もあるやんか。

綺麗事では済まされへんことだってきっとあるはずやから、そういうことは知っておいて欲しいし、それによって将来ふたりが悲しい思いをせんように、って思う。

それから、大切な人や仲の良い人にごちそうする、何かを贈るっていうこともそう。

そのこと自体はもちろん悪いことじゃないんやけど、「それも大人になってからな」って琉とひめには伝えてる。

お金が関わるお付きあいは、あくまでも自分で働いた対価を得てから。

そういうのは、お小遣いをもらっている子どものうちからせんでもいいこと。

大人になって自分で仕事をして稼ぐようになってから、感謝の気持ちを込めて人にごちそうする、プレゼントをあげるのはいいけど、子どものうちからお金がかかわるようなお付きあいをする必要はないんやから、って。

お金のことって、学校で教えてくれるようなことじゃないからこそ、子どものうちにしっかり伝えなあかんことやな、って思う。

お気楽にみえて結構、その陰では努力も時間も必要なＹｏｕＴｕｂｅｒ稼業。

そんなＹｏｕＴｕｂｅｒとしてのちいの姿を通して、子どもたちにもその「対価を得る大変さ」がなんとなくでも伝わってくれていたらいいなあ、なんて思ってます。

7

上から目線の命令をせず、子どもの「納得感」を重視

ちいは子どもたちに対して、上から目線で話したり怒ったりはしないほう。

怒るって、自分の感情やん？

それを子どもにぶつけるのって、子どもからしたらただの迷惑行為やと思う。

「叱る」っていうのもあるけど、これもちいのなかではあまりしないかも。

とにかく、上からものを言うのが好きじゃないんよね。

「自分は小さい頃、そんなにできとる優秀な子やったん？」なんて思っちゃう。


でも、何も言わずに放置はしたくないし、ふたりの将来のことを思ったら、「これはちゃんと言わなあかん！」っていう時だって当然ある。

ママがやってくれるのを待っとらんと、自分から率先して宿題やら家事やら、いろいろやってくれたらどんなにいいか、って3時間に1回は思うし（笑）。


だから、「怒る」「叱る」っていうよりは「諭す」っていうんかな。

「勉強しないと、こうなって、こうなって、こうなっちゃう可能性があるかもしれん。でも今、しっかりここを勉強しておいたら、こうなってこうなって、道が広がることだってあるし、自分にとってもプラスになると思うよ」みたいな感じ。

そういうことを言う時は、ちいもやっぱり「親視点」なんかな、って思う。

でも、ただ単に「勉強しとけよ」みたいな上からな言いっぱなしはすごく嫌なんよ。

大人になると言いがちじゃない？

自分はそこまで完璧にできるわけじゃないのに、子どもに対してはそれを棚に上げて「とにかく勉強しろよ」っていうだけ、みたいな。


ちい的には「とにかくやりなさい」ってゴールだけポン、と渡して無理に走らせるより、その過程をしっかり伝えて、本人が納得したうえで走り出してもらえたらいいな、っていう気持ちなんやけど。

他のママたちはどう伝えてるんやろう？


ちい自身、やっぱり自分が納得せんことには動けない子どもやったから、何か行動を起こすにあたっては「納得感」が欲しいと思うタイプ。

「なんでそれをしなきゃいけないの？」っていうことが、自分の中でクリアにならないとスッキリしなかった覚えがある。きっと琉やひめだってそうやろうな、って思う。

「それなら、やったほうがいいのかな」とか、「確かにそうやんな」って自分自身が思えないと、「やらされてる感」永遠につきまとうし、そもそも続かんよね、って。

ちなみに、「やって欲しいこと」じゃなくて「やったらあかんこと」も同じ。

これをしたらあかん、っていうときも、「もしも〜したら、こうなってこうなることもあるよ。そうなったら嫌やんな？」って。

そこで子供たちが「そうやんな。それは嫌やな」ってなったタイミングで「それやったらやめとこうか」っていう言い方をするようにしてる。

これも、もし逆の立場でちいが子どもなら「とにかく絶対ダメ！　問答無用！」みたいな言い方されたら絶対納得できんから。

子どもって、大人が思うより幼稚じゃないよね。

理不尽なことを言われたら、ちゃんとおかしい、って思ってるはず。

「ママはこう言うけど、言うのは簡単やん」

「とにかくやれ、って言われたって、やる側は大変なんよ」って。

ちいも永遠の反抗期少女だっただけに、そういう理不尽がつらいのはよくわかる。

だから、勉強や宿題、やらなあかんことに関してはただ「勉強しなさい」って言うんじゃなく、ちいも時間が許す限りは一緒に勉強するようにしてる。

そんなふうにいうと、じゃあ、「上から目線」で言わなければ、子どもたちは言われなくてもやるようになるんやな、押しつけないことで「やる気スイッチ」も自動的に入るんやろな、なんて思ってくださる方もいるかもしれんけど、現実はそううまくはいかないもので……（笑）。

こればっかりは性格や個性もあるんかなって思う。

ひめはやっぱり末っ子だから要領がいいんか、ちいが何か言い出す前に、しれっと宿題なんかもやっとるんよね。

問題は琉で、放っておいたらいっこうに何もやらへん！


「琉ちゃ〜ん、そろそろテスト期間やで〜〜。やっとる〜？」

「琉ちゃん、そういえば宿題って、終わっとる〜ん？」

みたいにちょいちょい声がけしないと、宿題の存在すら忘れとるから（笑）。

テストが始まる前も、「琉ちゃ〜ん、そろそろテスト期間やで〜。やっとる〜？」ってゆる～く声がけしながら、真綿で首を絞めるようにじわじわと詰めるちい。

それでも優しく言っとるうちは重い腰をあげんから、「琉ちゃん、そろそろ携帯奪っちゃうよ～♪」って、おしりペンペンしないと絶対やらない（笑）。

ちい自身が怒られるの嫌やったから、最初は楽しい雰囲気で軽くジャブを入れるんやけど同じことを何度言ってもダメな場合は、ちいにもついに「プチン」する時が……。

「仏の顔も三度まで」ならぬ「ママの優しい顔も三度まで」が発動！

怒る、叱るよりも諭すようにしてる、とか言っておいてなんやけど、「プチン」したちいは上から目線で怒るのではなく、横で「暴れる」から、それを見た琉もついに観念（ドン引き）して動く、みたいなね。

兄がそんな状況のとき、妹のひめはどうしてるかというと……。

扉をそっと閉じて、静かに勉強したり絵を描いたりして部屋から出てきません。

ひめは、ここまで引っ張ると面倒くさいことになる、っていうタイミングがわかるみたい。やっぱり下の子は上の子をよく見ている分、要領がいいんやろうな（笑）。

8

子どもは意外とオトナ。嘘なく本音で向き合い、信頼する

ママからすれば、赤ちゃんの頃からみている自分の子どもには、いつまでも幼いイメージを抱きがちかもしれんけど、子どもって、実は大人が思うよりもずっといろいろなことの本質を理解していて、大人びた面もあったりすると思うんよね。

意外とちゃんと考えてるところもあるし、俗にいう「子ども騙し」みたいな嘘って、意外と通用しないんじゃないかなって。


大人のタテマエとかもそうで、子どもは密かにわかってるはず。

だから、もはや子どもにカッコつけたところでしょーもないやん、って。

これも、ちいにとっては親友に対してカッコつける必要性がないのと同じこと。


まだふたりが幼い時期に、あきたんと正式にお付きあいしてるっていうことを琉とひめに伝えた動画があるんやけど、ちいはそのとき初めて、ふたりに「彼氏ができた」ってカミングアウトするつもりやったのね。

それまでは、あきたんと今後もしっかり交際していけるのかを見極めてから子どもたちに報告したい思いもあって、普通に仲良しのお友だちだよ、って伝えてたんよ。

女のコやし、おませなタイプのひめはともかく、琉のほうは正直、ちいの言葉通りにそのまま受け取ってるんやろなって思ってた。

でも、伝えた瞬間、琉ちゃんからも秒で「なんとなくわかってた」って言われて！ちいも思わず「顔ポカ～ン！」ってしちゃった！

実は、ちいの思いもよらない時期からあっさり気づかれていたという。

そしてそれを特に何も言わなかったオトナな琉ちゃん……。

ある程度交際期間が過ぎてからは、琉もひめも東京のあきたんの家に一緒にいったりしてたし、お泊まりもしてたから、子どもながらに「ただのお友だちじゃないなあ」っていうのは察してたんやろね。

そんなわけで、この動画は全然ドッキリ企画にはならんかったけど、ふたりと本音で話ができた回にはなったと思うんよね。

このことがあったからっていうわけじゃないけど、基本、ちいは親子関係のなかで隠しごとしたり嘘ついたりはナシ、って思ってる。

何よりも、ちい自身が嘘なく本音でふたりに向きあっていれば、琉とひめも同じように本当の気持ちを話してくれるって信じてるから。

普通の人間関係や友だち同士でも同じこと。

この人には嘘がないなって思えたら、心を開けるし、本音で話せる。

そういう積み重ねがきっと、本物の信頼関係をつくることに繋がると思うんよね。

それはきっと、良い親子関係を作る上でも、とても大切なことなはず。

信頼っていうことでいうと、「親が子どもを心配する」ことは当然なんやけど、ちいは、度を超えて行き過ぎた心配はしないようにしてる。

ちいが中学生まで門限17時だったっていうのは前の章でお話したけど、その頃は帰宅時間が17時をちょっとでも遅れると、もうアウトやった。

18時なんて過ぎようものならもう、よもやよもや……。

帰った瞬間、浩ちゃんからフルシカト攻撃を受けるくらいにガッツリ怒られたんよね。

でも、まわりの友達はまだ遊んでる時間やのに、ちいひとりだけ「門限やから、もう帰るわ～」って言うのは、子どもながらにすごく寂しかった記憶があるんよ。

友だち親子に憧れるちいとは違って、浩ちゃんはそういうタイプの母親じゃないから、やっぱり親は親、子どもは子どもっていう縦の関係性っていうのはあったと思う。

特に浩ちゃんは、ものすごい心配性やったしね。

でも、ちいも親になってみて初めてわかったことやけど、やっぱり自分の目の届かないところにいる子どものことは、なにかと心配になるもんなんやなって。

これは、親になって初めて知った感情やった。

浩ちゃんも、きっとこんな気持ちでちいが帰ってくるのを待ってたんだ、って思ったら、いまなら親と子ども、どっちの気持ちもわかる気がする。

ちいめろ家では特に門限はないんやけど、ちいも、子どもたちの帰りが遅いと心配になってソワソワしちゃうとこがあるから。

ただ、その心配が、自分自身の不安からくる押しつけにはならんようにしてる。

琉やひめは門限がなくても、だいたい17時半とか18時には帰ってくるんやけど、遅くなりそうなら「いったん家に帰って、携帯だけは持ってって〜」って頼んでみたり。

子どもたちを信頼して、ある程度のことは任せつつ、危ないことだけはないように、

ちいも臨機応変に対応しているつもり。

だから、門限に限らず、琉やひめがなにかを「やりたい」っていったときには、ある程度信頼して、チャレンジさせてあげたいなって思う。

判断基準は、その頃の自分がどう思って、どう感じていたか。

琉やひめのその時の年齢を、過去の自分と重ね合わせた時に、「これくらいのことはちいだってしたかった」って思うなら、させてあげたほうがいいなって。

ちい自身、自分が子どもの頃のことを思うと、ものすごく自立心が強くて、どっちかといえば「オトナ風を吹かせるタイプの子ども」やったから。

可愛く甘えていろいろやってもらうよりも、「子ども扱いすんな、ちゃんとできるし！」みたいなタイプやったような気がする（笑）。

だから「これくらいやったら、できるのに」って思っているのにやらせてもらえなかったことって、やたら記憶に残ってるんよね。

親からしたら「心配や」とか「危ないから」とか、いろいろ考えてくれてのことやったのかもしれんけど、子どもは子どもなりに、いろいろ思うところがあるわけやから。

9

「まずはやってみる」経験こそ何よりの人生の財産

これも「信頼すること」に繋がる話かもしれんけど、ちいは、琉やひめにはできるだけいろいろなことにチャレンジして欲しいなって思ってる。

これは大人になっても変わらん大事なことやから、子育て10ヶ条であることにくわえて、〈ちいめろ家の家訓〉といってもいいかも！

失敗するかしないか、成功するかどうかなんて結果でしかないし、やってみなきゃ永遠にわからないこと。

やる前からあーでもないこーでもない、無理かもしれない、なんて思ってたら、人生の大事な時間がどんどん過ぎてっちゃう気がするんよね。

だから、できるかできないか、じゃなくてまずは「とりあえずやってみる」。

ちいだって子ども時代、それなりにいろいろなことにチャレンジしてきた。

無謀なチャレンジだってあったかもしれないし、親に心配をかけた面もあるかもしれんけど、やりたいことに挑戦できたことに対して、まったく後悔はない。

だから、琉とひめがやってみたいと言うことなら、どんなことでも否定はしたくないって思ってる。たとえそれがどんなに衝撃的なことでも、頭から否定しないで、いったんは受け入れるつもり（笑）。

「経験は人生の財産になる」っていうことは、ちいも年を追うごとに感じるようになったし（ちいは永遠の18歳やけどねっ）、結果はどうあれ、まずはチャレンジすることで、経験を増やしていくことが大事なんじゃないかな。

なんでちいがそんなふうに思うようになったかというと、いろいろな方の人生や考え方に触れたり、話を聞いたりするなかで、「人生っていつどこで何があるかわからないものなんやな」って、すごく強く感じたから。

例えば、小さな頃にご両親に舞台を観に連れて行ってもらった女のコが、それをきっかけに舞台女優への憧れを持つようになって、のちに芸能事務所のスカウトキャラバンで合格した、っていう話。あとは、ずっとサラリーマンとして働いていた方が、ふとした何かのきっかけで芸人になって大ブレイクしちゃう、とかね。

人生っていつどこで何があるかわからんし、何がきっかけでどうなるかもわからん。子どもにとっては、ほんのちょっとの経験や、なんとなくやってみたいなって思っただけのささいなことかもしれない。でも意外とそんなことが、将来の夢とかやりたいことに繋がっていくんやろうな、って思うんよ。

思春期以降の子なら特に、「将来何をしたいか迷う」とか「何が自分に向いてるかわからん」とかいろいろ考えちゃうこともあるやろうけど、それまで経験したことや、いま挑戦していることが何かのヒントになることもあるんじゃないかな。

それに、将来の仕事に結びつかないまでも、一生大切にできる趣味に出会えるきっかけになるなら、それだって素敵なこと。

だからこそ、まずは本人がやってみたい気持ちになることがいちばん！

その小さな芽を潰さないで、応援してあげられたらいいなって思う。

親からしたら「こういうことやったらいいのに」とか「こういう経験をさせたい」っていう想いや願いはもちろんあるんやろうけど、上から目線で「やりなさい」「やったほうがいい」っていうんは、ちょっと違うんかなって。

ちいの場合は、子どもたちを見ていて「あ、これ好きなんやな」「やってみたいんかな」っていうことがわかったら、それをとことんサポートするようにしてる。

ひめがいまみたいに夢中で絵を描くようになったのは、小学校低学年くらいのときからやったかな。保育園の卒業文集には、「将来のゆめ＝お姫さま」って書いてたくらいやから、イラストレーターになりたいとか、そういう具体的な気持ちはなかったんやろうけど、絵を描くのはとにかく昔から好きやった。

夢中になって一生懸命絵を描くひめが可愛くて可愛くて、ちいはひめの絵をみては、すごく褒めてたんよね。まあ、「褒めたほうが子どもの才能って伸びるんかな」っていう若干の下心もあったかもしれんけど（笑）。

でもやっぱり、褒められれば誰だって嫌な気はしないやん？

ひめの中でも、絵を描いてそれが絶賛されるたびに、描くのが楽しい、っていう気持ちがどんどん増えていった気がする。

いまでもひめから「イラストを描くのにこれが欲しい」とか「これが必要なんよね」なんて言われたら、ちいはホイホイ♪って買ってきちゃう。

逆に言えば、それくらいしか手伝えないし、それくらいしかできんから。

それから、子どもに限らず大人だって新しいチャレンジが大事なんやな、って思うのは、「経験してみて初めてわかることがある」から。

ちいがそれを深く実感したのは、ポメラニアンのおもち（通称：おもちゃん）をちいめろ家にお迎えしたとき。

ちいね、本当のことを言うと、もともと犬って、特に好きやなかったんよ（小声）。

見ている分には可愛い、と思うけど、「うん、可愛い。以上！」みたいな（笑）

犬がペロペロするんとかも「うわ、なんかイヤやあ～」って思っとったくらい。

それがいまや、ありえんくらい可愛くて！

「こんなにも、こ～んなにも可愛かったんやね♡」って日々溺愛してるし、おもちゃんがいない日々なんて考えられないくらい。

大人のちいだってこんなに新しい気持ちに出会えるんだから、琉やひめには、「まだこの先にも、人生変えちゃう大きな出会いがあるかも」ってワクワクしちゃう♡

だから、できることならどんなことでも、とことんサポートしてあげたい。

そんなちいの気持ちは、なんとなくやけどふたりにも伝わってると思う。

まあ、それをありがたいと思ってくれてるかは不明やけどね（笑）。

10

たとえ世界中が敵になっても ママだけはずっと味方♡

—世界中のあらゆる人が敵、みたいな状況や気持ちになっても、ママだけは絶対に味方でいるから—

ちいが子どもたちに、これだけは忘れてほしくない、って思ってること。

それこそ、物心つく前の赤ちゃんの頃からずーっと伝え続けてきているこの気持ち。

この世でいちばん信頼できて、何があろうと絶対に裏切らない人。

この世界のなかで、そういう「絶対的な存在」って、そうそういくつもないと思うんやけど、琉とひめにとっては、ちいがそういう存在でありたいって思ってる。

何かあっても絶対にママだけは味方でいてくれるし、途方もなくつらいことがあったとしても、自分が帰れる場所はここにちゃんとあるんだ、っていうことをわかっていて欲しいなって。

琉とひめが生まれて、ママになったちいがそんなふうに思うようになったのは、やっぱりどこかしら、浩ちゃんとにいちゃんからたくさんの愛情を受け取ってきた経験や、家族を信じられる感覚があるからなんやろうな、って思う。

家族の状況や育った環境によっては、もしかしたらそんなふうには思えない人もいるのかもしれんけど……。

でも、ちいにとっての「家族」とは、どんなことがあってもその結びつきが消えることのない、「他人」ではない存在のこと。

なにかコトが起こるたびに家族で集まって話し合うことで、解決に向かっていく経験を、ちいは何度もしてきたんよね。

別居、調停、離婚と、一気にメンタル持っていかれるようなことが起きた時も……。

だから「何か問題が起きても、こうやって家族で解決していくものなんやな」って思ってたし、親はこんなにも子どものことを思ってくれる存在なんやなって感じてた。

幸いなことに、いま思春期まっただなかの琉は、特に反抗期らしい兆候もないんやけど、受験勉強や将来のことでは、いろいろ考えたりすることもあるんかな、って思う。

琉は勉強ができる方やと思うから、本人は「かしこい学校に行ったほうがいいんかな」なんて思っとるかもしれんけど、ちいは、とくかく琉が思うままに、やりたいことを楽しくやれる環境であればいい、って思ってるんよね。

受験勉強をがんばってがんばって、もしもちいめろ星でいちばんかしこい高校に受かったとして……、行ってみたらそれなりにしんどいこともあるかもしれんやん？
ちいはやっぱりママやから、がんばって入った学校で琉がしんどい思いをしたり、気持ちが追い詰められてしまうくらいなら「無理せんでもいいよ」って思ってしまうんよ。

まあ、いまは本人の気持ちもやんわりとしか決まっとらんみたいやけどね。

最終的に琉が選んだ道がどんな道でも、ちいはそれを心から応援してあげたいなって思ってる。

ちいと琉では、同じ思春期でも「親の心配の方向性」が全然別物なんやけどね。

でも、子どもの心をいちばんに守りたい、支えてあげたいっていうのは、どんな親でも変わらんことやと思う。

ちいがあの頃、「何があっても、ひとりぼっちじゃないんやな」って思えてたのも、無償の愛情を注いでくれた家族がいてくれたからこそやしね。

だから、家族は自分の居場所。

そう思える関係でありたい。

正直、夫婦はもともとただの男女やから、イヤやったら離婚したらいいだけの話。

あっさりいってしまえば他人と他人。

とことん話し合って、お互い別の道を歩もう、ってなることだってある。

でも、「親子」や「家族」って、そうはいかへんやろ？

その関係が生まれた瞬間から、切ろうと思っても切れへん関わりが生まれてくるものやから。それは、たとえ琉やひめが自立して一人暮らしをしたり、結婚して自分の家庭を持つことになったとしても、変わらんと思うし、変わらないでいたい。

いまはちいが作った「ちいめろ家」が家族のベースやけど、そこから出ても、何か困ったことがあったり、頼りたいときはやっぱりちいの出番かなって思うし、いつでも居場所になりたいって思ってる。

最終的なよりどころになりたい。

子どもが何歳になろうと、やっぱりママはママやし、子どもは子どもやからね。

ちいも、自分自身がママになっても、やっぱり自分の母親の浩ちゃんにはずっと助けてもらってるし、家族やなって思ってる。

浩ちゃんって、本当に頼りになるんよ。

ちいにとってだけじゃなく、琉にとってもひめにとっても。

子どもたちに「ひろえもん」って呼ばれてるのも、浩ちゃんがドラえもん並みになんでもしてくれるし、「なんでもできちゃう力」を持つ能力者だから（笑）。

家事はなんでも完璧にできるし、料理も「全部手作り」にこだわりがあるみたい。

浩ちゃんは、どんな状況であれ、買ってきたお惣菜をポン、と食卓に並べるだけ、みたいなことがなかったし、冷凍食品をレンチンして出された記憶もないんよね。

昔はいっぱい心配かけたけど、ちいが母親となったいま、改めて浩ちゃんの凄さを思い知ることも多いし、すごく尊敬してる。

ちいも、「料理だけはちゃんとしたものを食べさせてあげたい、栄養を考えて完璧に作りたい！」って思っちゃうのは、浩ちゃんから受け継いだ遺伝子が疼いてるからかもしれん（笑）。

家族って、血のつながりって、本当に不思議やんな。

ふとした表情が自分にそっくりやなって感じることもあるし、子どもを見ていて「あ、自分もこういうとこあるわ！」って気づかされたり。

まさに「遺伝子恐るべし」、って思うこともいっぱい！


浩ちゃんほどにはうまくできんかもしれないけど、ちいもいつか、琉やひめにとって、世界でいちばん頼れる「めろえもん」になれたらいいな、なんて思ってるんよね。

ちいめろ流♡ 子育て10ヶ条

1. 親子の信頼は上下関係じゃなく愛ある人間関係から
2. 子どもの気持ちをスルーせず、しっかり心を傾ける
3. スキンシップ＆笑顔は１００の言葉より愛が伝わる！
4. 「大好き＆可愛い♡」っていう愛情ワードは暮らしの一部
5. 「人として大切なこと」は諦めずに伝える
6. お金は「勝手に湧いてはこない」ことをしっかり教える
7. 上から目線の命令をせず、子どもの「納得感」を重視
8. 子どもは意外とオトナ。嘘なく本音で向き合い、信頼する
9. 「まずはやってみる」経験こそ何よりの人生の財産
10. たとえ世界中が敵になってもママだけはずっと味方♡

Chapter 4

いま、子育てが
うまくいっていないママへ

ママは最強♡もう、がんばらなくて大丈夫！

ママといっても人それぞれ。

おうちで家事に育児に奮闘しているママもいれば、外でバリバリ働いてるママもおるし、ちいみたいに自宅でできる仕事をしながら、子育てしてるママもおるやんな？

どんな状況で子育てをしているかによって、大変なポイントって違うはずやし、立場によって悩む内容も少し違ってくると思うんよね。

ＹｏｕＴｕｂｅチャンネルの視聴者さんたちのコメントを見ても、みんなそれぞれに、悩んだり葛藤したりしながら、子育てをがんばってるんやろうなって感じてる。

ちいの場合、いまは基本的には家にいられる仕事が中心やけど、前は外にフルタイムで働きに出とったから、外で働くママの大変さも、立場としてはわかるんよ。

その頃は、琉もひめもまだ小さかったこともあって、仕事と育児の両立って、すごく大変やな……、って身に染みて感じてた。

例えば、外に出て働いていると、どうしても子どもを第一優先にしてあげられない時ってあるやん？

例えば、子どもが熱を出した時。「お迎えにいかな」「早く帰ってあげんと！」って、気持ちはもう家に飛んで帰りたいのに、すぐには帰れん、みたいな。

反対に、仕事で残業しなきゃいけない状況でも、お迎えや夕食のこともあるのになあ、なんて考えちゃうし。

関わっている仕事やポジションによって、責任が重くなればなるほどに、そういうことは増えていくはず。そんななかで、うまく時間をやりくりしたり努力したりして、うまく仕事と育児のバランスをとって両方こなしているママ、本当にすごいと思う！

ちいも外で働いていた頃は、どうにかしてもう少し子どもたちと一緒にいられる時間を増やしたい、っていう気持ちでいっぱいやった。

それで、「子どもとの時間を優先するにはどうしたらいいかな」とか「自分には何ができるんやろう」って考えるようになって。

試行錯誤しながらもいろいろなことを発信したり、それを見てもらえるように工夫したりしながら、家にいてもできる仕事を意識的に増やしていって、いまに至る、っていう感じなんやけどね。

いまはちいも、基本的には家にいて、専業主婦のママに近い暮らしぶり。

そうなると、今度はちょっぴり専業主婦の方の気持ちもわかるようになったんよね。

家の中で、家事と育児に奮闘するばかりの毎日は、やっぱり少し「孤独感」を感じやすいんじゃないかな、って……。

大人と同じようには意思疎通ができない小さな子どものお世話をして、黙々と家事もがんばって。四六時中そんな感じやったら、そんなに気にせんでもいいようなことまで、いろいろ考え込んでしまいそうじゃない？

しかも、外に出て仕事していない分、まわりを見渡しても家族しかおらへんやん？

それまでは働いていて、上司と話す、同僚とおしゃべりする、っていう感じで、大人同士でのコミュニケーションをしていたのなら、なおさらのこと。

「家庭」っていう小さな閉鎖空間のなかで、外界との繋がりが絶たれたように感じてしまうママもおるんじゃないかな、って思う。

旦那さんがすごく協力的だったりとか、自分の母親が家事や育児の協力をしてくれて、ママに「自分時間」的なものが作れたりしているならいいんやけどね。

きっとそういう人ばかりじゃないかもしれんし、ましてや気を遣うお姑さんがおる、とかやったら、ストレスフルにもほどがあるやろ……ってなりそうやわ（笑）。

ましてや、旦那さんが協力的でもなかったら、もう爆発待ったなしやろ⁉

ちいもたま～に動画で、あきたんへの不満を言っちゃうことがあるんやけど、意外にも「共感しました！」みたいなコメントを結構もらうんよ。

みんなも意外とストレス溜まっとるんかな～、なんて思って読ませてもらってるけど、やっぱり吐き出し口がない、っていうのはつらいものやんな。

ちいがシングルマザーで子育てをしていた頃は、ちょっと心が詰まってくると、浩ちゃんに琉とひめを預けて友だちとごはんにいくとか、ただひたすらおしゃべりするとか、そういう時間を意識的に作るようにしとったなあ。

もし、家の中で孤独感を感じてたり、ちょっとメンタルが苦しいなっていうママがいるなら、自分から「誰かに会いに行く」とか「自分のしたいことをする」行動を起こしてみるのもおすすめ。

つらいときは、誰かに頼ってもいいんやから。

信頼できる人を頼って、少しだけでもいいから外に出る機会を作ってみて。

ちいの場合は、たまに仕事のことで打ち合わせがあったりはするから、人と会ってコミュニケーションすることで発散したりする機会もゼロではないんやけど……。

それでもやっぱり、毎日いろいろな方と会って話しているわけでもないし、フルで働いていた頃と比べたらもう、家族以外の「人間」と会う機会が激減しとるのは間違いない（笑）。

いまでも、ふと寂しさを感じて、前みたいに働きに出たいな、なんていう気持ちになることもあるんよ。「無い物ねだり」やな、っていうのはわかってるんやけどね。

もちろん、可愛い子どもたちといて、おもちゃんだっておるんやから、常に寂しさを感じるわけじゃないけど。ほんと、ふとした瞬間にね。

世間的には「専業主婦ってラクでいいやん」なんて言われがちやけど、絶対にそんなことないと思う。

ちょこちょこ仕事して、息抜きもしているはずのちいでもこんなふうに感じるんやから。24時間切れ目なく、家事と育児をフルでこなす専業主婦は、家にいてラクそうに見られがちかもしれんけど、それはそれで大変なはずやと思う。

しかも、これは世の中の主婦全般に言えることやけど、家計に関しても、「もはやお金のプロの方ですか？」っていうくらいやりくり上手なママが多くない？

毎月の家計の中から、食費、水道光熱費、家賃、教育費、っていうように細かく家計簿をつけたり、予算から溢れんようにきっちりやりくりできている様子をみると、本当にすごいと思うし、尊敬しかない。

ちいも家計簿こそがんばってつけているとはいえ、いろいろ必要なものを買っちゃった後で「あれ、こんなにかかるものなんや！」って思うタイプやから……。

きっと、ママになったらそうやって役割が増える分、なおさら「育児」「仕事」「家事」「家計」みたいなやるべきことと、確保しなきゃいけない「自分時間」のメリハリが大事になってくるんやろうなって思う。

とか言いつつ、ちい自身がいちばん、生活のメリハリをつけるのが苦手なんやけどね。

ちいみたいな働き方だと、「兼業主婦」っていうんかな。基本は家で主婦みたいに過ごしつつ、できる範囲で自宅メインで仕事して、って感じなんやけど……。

やっぱり、職業病みたいなものなのか知らんけど、それこそ24時間、何をしていようとも、どこか頭の片隅に仕事のことがあるんよ。

キッチンでごはんを作っていても、琉の受験サポート中も、ひめちゃんと一緒に勉強してもそう。

そこに集中せなあかんのに、どこかで「次の動画の企画にこれ使えるんちゃう？」とか「これは絶対みんなに面白がってもらえるやろ！」とかが頭の中にチラチラしとる。

勉強してる子どもたちに「やっぱりメリハリって大事なんやで。集中せなあかんよ～」とか言いながら、「自分がいちばんメリハリついとらんよね」っていっつも思うわ。

これがちいの「兼業主婦」ならではの悩みかなぁ。


働くママも増えて、働き方もそれぞれで。

いろいろなパターンの生活があるんやろうけど、どんなママも、たくさんの思いを抱えながら忙しく過ごしているんやろうな。

みんなそんな思いを知ってか知らずか「ママがんばって～！」なんてよくいうけど、「母親でいる」っていうそれだけで、もうすでに全員がんばってると思うんよ。

それぞれの働き方、それぞれのステージで。

ひとりの女のコとして生きていた頃よりもずっと大きいものを抱えて、手を離せない責任も抱えて、毎日を生きてる。

そりゃもう、「みんな違って、みんないい」どころか、「みんな違って、みんなタイヘン！」やろ（笑）。

だから、ちいは同じママとして、「がんばろうね」っていうより、「うちら、がんばってるよな♡」って全員に言いたい。

もうね、仕事ママ、専業ママ、兼業ママ、それぞれの仕事や立場がどうであろうと、みんな、超がんばってるから。

がんばりすぎず、あとは家族で、楽しく笑顔で過ごせたらええやん♡

子どもといっしょなら笑顔になれる

子どもたちといるときは笑顔で過ごそうと思ってるし、実際にわちゃわちゃ楽しくしているんやけど、実はちい、思ってることや感情がすごく顔に出ちゃうタイプ。

無理して作り笑いするんもイヤやし、無理して隠したりもしないんやけどね。

だから、なにかイヤなことや悲しいことがあると、表情ひとつで琉やひめにバレバレ、なんていうこともしょっちゅう！


特にひめちゃんはすごいスピードで人の気持ちに気づくタイプ。

小学校低学年くらいやったかな？　結構小さい頃やったんやけど、ちいの落ち込みが激しすぎて、「笑おうと思ってもムリ！」みたいな日があったんよね。

そうしたらそばにいたひめがそれに気づいて「大丈夫？　ママ〜♡」って寄ってくるなり、小さい手でギュッて抱きしめてくれて。

小さい子どもながらに、ママの気持ちを察して慰めようとする思いがあるんやな、って思ったし、あれこれ言わんのに、そっとハグしてくれたのが嬉しかったな。

大きくなったいまでも、学校から帰ってきて、ちいがしょんぼりしてると、ひめは必ず「ママどうしたん？」って心配してくれる。

琉もひめほどじゃないけど、男の子にしては結構いろいろ気がつくタイプ。

それに、ふたりともめっちゃ愚痴をきいてくれるんよ。

「ママね、今日こんなことがあったんよ。それでめっちゃ機嫌悪いんよね」なんていうと、それをしっかり聞いてくれて、共感もしてくれるし、場合によってはアドバイス的なことを言ってくれることもあるくらい。

反対に、嬉しいことがあって、ちいが家でテンション高く楽しそうなときは、これはこれですぐバレる（笑）。

帰宅したばかりの琉やひめをつかまえて「ひめ、早く来て来て～♪」「琉ちゃん、聞いてっ！」みたいに、全部言っちゃうからなんやけどね。

「え、ランドセル置くヒマもないやん……」ってなってたけど（笑）。

そういうときもふたりとも、ひと通り話を聞いてくれて「え♡　よかったやーん！」みたいな友だちノリで反応してくれるから、ちいの嬉しさも倍増しちゃう。

あ、ちなみに……。

動画を見てくださっている方はご存知かと思うんやけど、ちいめろ家ではダンスもそんな急なちいのお誘いで唐突に始まります（笑）。

「琉、ひめ、ダンスするで～♪　あ、動画も撮ろ！」みたいな。

ひめちゃんもダンスが大好きやからすぐノってくるし、イヤなことをするわけじゃないから、たぶん友だちに誘われたから一緒に踊って遊ぶ、みたいなノリなんやろうね。


こんなふうに、ちいって、なんでも家族で共有したいんよ。

悲しいことならお互いに話を聞いてあげたり、聞いてもらったりすることで悲しさも半減するし、楽しいことならそれを共有すれば、その楽しさが何倍にもなる気がする。


ＹｏｕＴｕｂｅを始めようって思ったときも、正直テーマにしたいようなことはたくさんあったけど、それでも「家族」を軸に動画を撮り始めたのは、琉とひめといろいろなことを体験して、共有して、一緒に楽しくやりたかったから。

それに、ふたりに「一緒にやる？」って聞いたとき、「やる～♡」って言ってくれたのも嬉しかったしね。

そんなわけで、ちいは、悲しいときは子どもに話を聞いてもらうし、踊りたいときは一緒に楽しむっていう、そんな毎日を送ってます。


ママやから「子どもに対しては常にきちんとして、ちゃんとした母親の顔で接する」っていう方もおるかもしれんけど、そこもそんなに頑張らんでもいいんじゃないかな。

子どもって、大人が思ってるより結構オトナやから。

自分の思ってること、感じたことはもちろん、嬉しいことも悲しいことも打ち明けて、友だちに対するのと同じように心を開くのも、アリじゃない？


ちいって、基本的には陽キャな方やし、動画でいっつも笑っとるからか、楽しそうな性格に思われがちなとこもあるんやけどね。

そのＨＡＰＰＹ感がどこからきてるかっていうと、やっぱり琉とひめっていう大事なふたりがおるからこそやと思うんよね。

「こうしたらあかん!」の鎖を外してみる

ママになったら、こんなことしたら何か言われるかな?

ママだから、こういうことはもう出来ないのかな?

ママなら、こうしなくちゃいけないのかな?

そんなふうにいろいろ悩んだことのあるママも多いんじゃないかな。


ちいも、メイク、ファッション、ネイル、生活行動まで、まあ、いろいろな場面でいろいろなことを言われてきました。

「ここ学校かよ!? あなた生活指導の先生ですか?」って思っちゃうくらいにね(笑)。

ママやから地味にせなあかん、っていったい誰が決めたん?

髪色も着る服も自由に楽しめないとかありえんやろ。


でもね、ちいはそんなこと、〝ほぼ〟気にしない。

微々たる空気を読む程度で、全然我慢とかはしてへんよ。

でも、じゃあなんで「気にしない」じゃなくて「ほぼ気にしない」なのかというと、ここだけは守りたい、っていうポイントがあるから。

ちいが心掛けているのはこの3つ。
・ファッションやメイクは自分なりにTPOをわきまえる
・人に迷惑をかけることはしない
・人を傷つけることはしない
以上！
それ以外のことやったら、あとは本当に気にしてへん。
好きな髪色に好きなメイク、ネイルも楽しんでお姫様を楽しんでる。
だって、ママであるのと同時に、やっぱりひとりの女のコでもあるやん？
そこをナシにしちゃうのは、「人生損してる！」って思うから。

何か言われたとしても「ちいがこのメイクしてこの髪色で迷惑かけましたか？人に迷惑かけてるわけじゃない、誰も傷ついてへんのやから別に良くない？」っていうのがちいの基本的な考え方。

そう思ったら何も気にならないし、そもそも、ちいは人の目を気にして生きる必要性を感じてない。「あなたのためには生きてない」って思うから。

「ママらしさ」に縛られて、「自分らしさ」を放棄してしまったら、その苦しさや退屈さって、結局子どもに伝わるものやと思うし。


ママとして気にするとしたら、その場のTPOをハズしちゃうことで、琉やひめがイヤな思いをしたり、悪く思われないかな、っていうことくらい。

一応、学校や子どもに関係のある場所に行くときには、コーディネートやメイクも琉とひめに相談するし、お姫様全開にはせず、ママらしくいることを大事にもしてるんよ。


やっぱりこれもメリハリじゃないかな。

「ママらしく」に縛られるんじゃなく、「ママコスプレ」をその場では楽しむ、みたいな気持ち。「ちいだってこんなファッションできるし（ドヤ♡）」みたいな。

いろいろなバリエーションの自分が楽しめてええやん、っていうテンションでいたら、何だって楽しく思えてくるんよね。

だから琉やひめが赤ちゃん時代、抱っこして歩くような時期は、ちいらしからぬヒールの低い靴を履くことも試みてたし、いまの姫系ネイルを楽しむようになったのも、琉とひめが大きくなってからのこと。

まあ、ネイルはいまでもよく言われるけどね。

「その爪で料理すんの?」って。

ママ友からも「ネイルについてはまわりからよく言われる」って聞いたから、みんな気になるところなんかな？　お姑さんとかから言われたら確かにイヤやけどな。

こんな感じで、ファッションやメイク、ネイルみたいに見た目に関することは「ママだからこうしたらあかん」あるあるの代表格やんな。

でも、あとふたつ、ちいが個人的によく言われてたことがあるんよ。

ひとつは、子どもを預けて遊びに行くこと。

これは、あきたんとの遠距離恋愛のときも結構言われたな～。

「何日も子ども放っておいて、どういうつもり?」って。

でも、ちいとしては、放置しているわけじゃないのに「なんで?」って思ってた。

大事な宝物を「放置」なんてするわけがない。

ちいの場合は、ひろえもんという主婦のプロみたいな自分の母親が琉とひめを預かってくれて、それこそ自分で見守る以上に安心できる環境やったから。

「放置」している、なんて言われたのは悲しかったな。

ふたりを安心して任せておける環境がなければ、恋愛はもちろん、息抜きをすることもできなかったやろうな、って思うと、浩ちゃんには本当に感謝しかない。

ママにも息抜きって大事じゃない？

ママになったって人格が一変するわけじゃないし、たまには友だちと会って話したり、自分のための外出をしたいと思って当然なんやから。

それに、シングルマザーなら、好きな人が出来れば、その人に会いたい気持ちにだってなる。そういう「当たり前」の気持ちを無理やり殺す必要なんてないやん。

「ママやから、自分のことは全部がまん、全部後回し」（何年先まで？）

そんなの、つらすぎるやろ。

ひとりでがんばってつらい思いで生きるくらいなら、信頼できる人を頼っていい。

自分の母親が無理なら、旦那さんにだっていいし、関係が良ければお姑さんだっていい。それも無理なら、お金を払って信頼できる託児所やシッターさんにお願いすることだって不可能じゃないはず。

毎日のことじゃなく、たまの息抜きで誰かを頼るのくらい、自分に許してあげて。

それからもうひとつ、ちいがよく言われてたのは、「子どもにブランドを買い与えるな」とか「そんなお金があるんやったら貯金しろ」ってこと。

いや、ほんとに「余計なお世話」やわ（笑）。

貯金もちゃんとしているうえで、使えるお金で買ってるんやからよくない？

しかもこれは、ちいの趣味で勝手にやってることであって、琉やひめがブランドものを買ってくれ、って要求するような子には育ってへんわけやしね。

経済的な基準はひとそれぞれやから、収入や身の丈に合っている中で楽しむ分には、これも自由でいいと思ってる。

あとは、コメントやDMでご相談いただくことが多いのは、「めろちみたいな量産系とかお姫様系のファッションをしてみたいけど、勇気が出ない」、「似合うかわからないから挑戦できない」とか「なんとなく、まわりの目が怖くて好きなメイクやファッションができない」っていうようなこと。

これに関しては、ちいは「とりあえずやってみたらいいよ」って思ってる。

ちい自身は、似合うか似合わないかわからないようなことでも「なんでもやってみたい」と思っちゃうから、とりあえずは試してみるタイプ。

自分に似合うかどうかなんて、着てみなきゃわからないことやし、一気に全部を変えようとなんて思わなくてもいいと思う。


例えば、髪型だけ少しそれっぽくアレンジしてみるとか、メイクを少しだけ変えて冒険してみるとか。ファッションやったら、まずは小物から取り入れてみる、とか。

徐々にそのやりたかった世界観のヘアメイクやアイテムを取り入れていって、少しずつの冒険を重ねていくことで、いつの間にか板についてくるものじゃないかな。


最初から「似合わなそうだから」とか「ママだから」とか「年齢が」とか、とにかく何かを言い訳に自分にリミッターをかけないほうがいいと思う。

そういう自分の気持ちこそが鎖。

どこへだって行ける。

なんにだってなれる。

そう思ってたほうが楽しいし、夢があるやん。

なりたい自分でいられたら、それだけでも笑顔で過ごせると思う。

卑屈になって鬱々としているママより、思いっきりなんでも楽しんでるママの方が、子どもだって嬉しいはず。

それに、そんなママを見て、子ども自身も「自分もなんだってやってみよう」って思えるようになるんじゃないかな。


まわりの空気感を含め、いろいろな細かい規定みたいなことが気になって、他人の目を意識しちゃうママもおるやろうけど、それこそが自分を縛る鎖やから。

自分自身の「楽しい気持ち」や「自分の居心地の良さ」も優先してあげてほしい。

いつでもどこでもじゃなく、許される範囲で自分を出すようにしたらいいんやから。


自分らしさをゼロにしたらあかん。

その自分らしさの部分がまわりと違っても、全然いい♡

ママとしての人生に、一切の悔いなし♡

ちいは自分でも、結構自由に生きているタイプやと思うけど、それでも「母親であるからには、１００％の完全なる自由はない」っていう部分は、あると思ってる。

それは、自分を縛る鎖とは違うもの。

これを諦めなきゃいけないからつらい、縛られてつらいって思うことではないから。

でも、日常のなかで、ママの役割に疲れたとき。

ふとひとりの女のコに還るとき。

仮にいまの自分じゃなかったら、どんな人生だったんやろうって、思ったりもする。

ちいの夢は、女優になって芸能界で活躍することやった。

高校を卒業したら東京にいって、もしかしてそこですごく頑張っていたら、演技に携わるお仕事が出来ていたのかもしれない。

そんなふうに思っちゃうことだって、ないといえば嘘になる。

でも、ちいは結婚してママになることを選んだ。

結局離婚することになったから、「なんで女優の夢を諦めてしまったんやろう」なんて思ったことはあるんやけどね。

何気なくドラマを観ていたら、ちょっとバズったくらいのＴｉｋＴｏｋｅｒが、なぜか突然チョロっとドラマに出て演技してたりするのを見ると、ちいだっていまだに心がザワつくときはあるんよ（笑）。

でも、そういうちょっとした後悔やら心残りを、心の中から吹き飛ばしてくれるのが、琉とひめっていうかけがえのない存在。

結婚したこととは違って、琉とひめを産んだことへの後悔は一切ないし、琉とひめのママでいられるっていうことは、ちいにとって、何ものにも取り替えることのできない最高の幸せなんよね。

だから、「母親であるからには、１００％の自由はない」っていうのは、不幸なことやとは思ってない。それは、いつどこで何をしてても、子どもたちのことが常に頭にある、ってことやから。

自分のための時間をつくって友だちと会っている時も、仕事の用事で出掛けている時も、どうしても頭のどこかに琉やひめの顔が浮かぶんよね。

「ふたりが帰ってくる時間までには帰って、家で待っててあげなくちゃ」って、自動的に意識しちゃう。

琉は中3やし、ひめだってしっかりしとるから、ふたりだけで家に置いても、もう全然平気な年頃やのにね。ママの感覚って、不思議なものやなって思う。

メイク、ファッション、気持ちの自由さを縛られる必要はないって考えるちいやけど、母親として持つべき責任感だけは放り出したくない、っていう意識があるんよ。

ふたりがこの先、何歳になろうと、琉とひめが自分にとって「いちばん大事な存在」であることは絶対に変わらない自信がある。


過去に関するすべてに後悔がひとつもないわけじゃない。でも、あのとき諦めたことも、失敗したこともあるから、いま、ちいの隣には琉とひめが存在してる。

――琉とひめがいなければ、いまの幸せも、自分もなかった――。

そんなふうに思ったら、「過去は過去」って、なんでも割り切れる気がしてくる。

だって、いまのちいめろファミリーの日常、みんなで過ごす何気ない毎日の幸せのほうが、圧倒的にちいを幸せにしてくれてるんやから。

だから、ちいはこのママとしての愛情を、後悔がないように伝えたいんよね。

10ヶ条のところでも書いたけど、人っていつ死ぬかわからないから。

愛情を伝えることに際限なんてない。


「いつ死ぬかわからない」なんて言うと、縁起でもないって思われるかもしれんけど、別にネガティブな意味じゃなくて、人生ってそういうものじゃない？

ちいは別に、もう自分で屋根から落ちようなんて思ってないからね（笑）‼


そういうことじゃなく、人間生きとったら「予期せぬ系」のことってあるやん。

平均寿命が近づいてるとか、病気とかならある程度、残りの人生がどれくらいなのかを知ることが出来るのかもしれない。

でも、避けられないハプニングが起きることだってある。

ちいは結構、事件系とかドキュメンタリーっぽい動画も見たりするから、結構「死」を身近に感じてるんよ。

「怖い」っていう気持ちじゃなく、「常に覚悟しとかなあかんな」っていう意味でね。

だから、琉とひめにはいつも言ってる。

「ママだって、ほんとにいつ死ぬかわからないんやからね」

「だから、ママがいつ死んじゃっても大丈夫なように生きなよ」って。

子どもたちに言うだけじゃなくて、ちい自身も、そう思って生きてる。

予期せぬ「死」で、自分がいつ突然いなくなっても後悔しないくらい、１００％の愛情を伝えて、いま自分に可能なできる限りのことをやってあげよう、って。

琉とひめのことに関してだけは、人生で絶対に後悔したくないんよね。


まあ、そんなことを言いつつ、実際に自分が死んじゃって、ふたりに会えなくなったら、いちばん寂しがるのはちい自身かもしれんけどね。

ふたりが自立するまで、まだまだ子育て期間はあるけど、いまのところ、ちいはいつ死んでも悔いを残さないほどに、日々愛情をダダ漏らしながら暮らしているつもり♡

特別編

ママたちのお悩みカフェ♡

—CHIIMELO'S ANSER—

ちいめろだったら
こうしてみる

家族のこと、子どものことを発信しているからか、
ちいのもとにはコメントやDMで
「子育てに関する悩み相談」が届くことも♡
なかなか全員の方にはお答えしきれず、
いつもはなかなかお返事できてないけど、
ちゃんと読ませていただいてます。
ここでは、この書籍のためにSNSで募集した
「育児に関する悩み」について、
「ちいはこう思う」「ちいならこうする」っていう視点で
単刀直入に回答してみました。
同じような悩みを持っているママの参考になったら
いいな♡

Chiimelo's Cafe

Q 子どもの好き嫌いはどうしてますか？

A **うちでの好き嫌いはNG!**

好き嫌いは20歳になってから♡

Q 12月出産予定の妊婦です！
シングルマザーなのですが、ちいめろさんがいちばんに心がけていることってなんですか？

A **笑顔**

子どもにとって"ママが笑ってる"って大事なことだと思う。

Q 子ども服、どこで買ってましたか？

A **mezzopiano**

昔から「女の子だったらmezzopiano着せたい！」って思ってた♡

Q イヤイヤ期どう乗り越えましたか！！？？

A **2歳ってそーゆー時期だよな(￣▽￣)って思う。**

Q 子どもの発達のことでいろいろ言われたらどうする？

A
可哀想な奴認定する

なんも知らんのに他人がなんか言ってるわ。
「可哀想な奴www」って、心の中で見下すww

Q 小学３年生の娘が友だち付きあいが苦手で、
習い事をしても孤立してしまいます。
バスケをやりたいと言って始めたのですが、
あからさまに避けられているのを見て、
続けさせるのが心苦しいです。
ちいめろさんならどうしますか？

A
まず子どもに話を聞く

親なら心配になるだろうけど
子どもがどうしたいかがいちばん大事！

Q 不倫されて離婚して、父親には彼女がいます。
自分のパパに新しい家族がいることを
どう説明していくべきだと思いますか？

A
そのまま包み隠さず伝える

子どもは年々大人になっていくもの。
変に隠したりすることで、事実を知った時に
“隠された”“嘘つかれた”とか変に勘違いされて
溝ができる原因になるとあかんから。

Q

中１の息子がいるんですけど、反抗期で困ってます。
琉ちゃんやひめちゃんは反抗期、
どんな感じですか？

A

反抗期も成長の証

自分もそんな時期あったなー、
成長してる証拠だなーって思って 温かく見守る。
ちなみにうちは、そんな言うほどの
反抗期はまだ来てないかな。

Q

琉ちゃんやひめちゃんに対して、
自己肯定感を上げるような言葉がけをするためには、
どんなことを意識してしましたか ??

A

常に褒める

“凄い” ”可愛い” ”かっこいい” ”いいやん” ”上手い”
”出来るやん” ”さすが”などの褒めポジ言葉は、
息を吐く様に言ってる www

Q

上の子可愛くない症候群なりましたか？
(可愛くないと思わなくても、触られたくないとか
軽い拒否でも同じ名前がつくようです。)

A

「上の子も下の子も可愛い症候群」

だったら、いまもなってる♡

Q

自分がちゃんと子どもを育てられるか、
不安にならなかったですか？

A

ならなかった

なんなら「ちいが絶対ちゃんと育てたる!!」って
心に誓ったｗ

Q

子ども(4、5歳)が夜、寝かしつけても
なかなか寝てくれない時どうしてた？

A

数　数えてたｗｗｗ

いーち、にーい、さーん…って言って
寝かせてたよ(*´∀`*)

Q

1歳頃の遊び方とか覚えてますか??
もうすぐ1歳になる娘が居るのですが、
ひとり遊びが好きで、
親はどう遊んだらいいのか分からず……。
ちいめろさんの子育て方法を知りたいです！！
(ツイキャスの時から追いかけて毎回見てます！！)

A

一緒に同じことして遊ぶ

でもまだ1歳ならひとり遊びする時期やから
全然気にしなくていいと思うけどね♡

Q 子どもにスマホを持たせるにあたり、
ルールを決めていますか？

A
一応決めてる

ただ 100% 守れているかは別問題 w

Q 子どもが学校にいきたがらない！
ちいめろちゃんならどうする？

A
まず話を聞く

どうして学校に行きたくないのか
理由次第かな……

Q 5 年生の娘が反抗期なのか、約束を守ってくれません。
その反面、約束を守りたいという意思を
感じたりはするのですが……。
ちいめろちゃんならどのように娘と向き合いますか？
(約束を守らないっていうのは、
友だちの親の車に勝手に乗ってしまったり、
時間を守らなかったり、などです)

A
約束を守るのは 人として最低限のルール

これうちの家訓なんやけど、約束守らなかったら
どーなるのかっていうのをイチから説教する ww
信頼関係を無くすこと、相手が傷つくことなど……etc.
説教タイム入ったら長いよ w うち ww

Q

小学校になり、ママたちと顔をあわせることもないので、
子どもに「○○くんの家に行ってみたい」とか言われると
全く分からなくて……困っています。
近所に子どもが少ないので、学校が終わったら遊ぶ、
ということがなかなかないのですが「放課後も遊べたらなぁ～」
と言われてしまいます。

A

遊びに行っていいんじゃない？

ただうちはちょっとしたお菓子やジュース持たせて
人のおうちに行く時には「お邪魔します」って
言うんだよ！って教えてた。

Q

3歳と1歳の姉弟喧嘩、どうやって止めますか？

A

仲裁に入る

間に入って両方から話を聞いて
お互いどこがだめだったか反省会して
「ごめんなさい」する！

Q

子どもが2人いて、付き合って8年の彼氏がいます。
下の子はその人の子どもなんだけど、
結婚するタイミングを無くしてしまって。
「子どもが小学生になって苗字変わるのはどうなんだろう」
とかも考えると余計にできなくなっちゃってる。助けて～！

A

家族の形は家族それぞれ

今はいろんな家庭、いろんな家族がいるし
結婚にこだわらなくてもいいんじゃないかな？

Q

小５娘がいじめられており、学校へ行きません。
母親がしてあげられる事ってなんでしょうか？
ちいめろさんならどうしますか？

A

学校に乗り込むｗ

とりあえず先生に話して
それでも解決しないなら
いじめてる相手＆親と話をするかな。

Q

子どもに対してめっちゃイライラした時どうする？？

A

違う部屋に行って心を落ち着かせる

イライラしてる時に何か言って
感情的になってしまうといけないからいったん
違う空間に行って自分の気持ちを落ち着かせてるよ。

Q

また赤ちゃんを育てたいと思いますか？
私は２人めが５歳でやっと少し楽になってきて、
このままいきたい気持ちもありつつ……。
もう一人欲しい気持ちと、
「まだ産める年齢なのにいいのか？」
っていう思いもあり、日々悶々としています……。

A

思わないｗ

あくまでも“ちいは”なんだけど
愛情のキャパがあるからもう無理ｗ
その代わりそのキャパ内の愛情は150%！

Q

高校１年のうちの子、スマホばっかり見てます。
スマホとの付きあい方はどうしてますか？
使い過ぎを防ぐには？？

A

使いすぎてたら没収の刑

携帯で制限をかけてるけど、それでも裏技使って
それ以上に使ったりするんよｗ
やる事もやってないのに携帯をいじってたりしたら、
うちは没収してる。

Q

子どもがお菓子ばっかり食べるの、どうしたら良いでしょう？

A

そもそもお菓子を買って
こなかったらいい…（小声）

Q

義両親と同居なんだけど、お義母さんが子どもたちに甘過ぎで！
何でも買い与えすぎるから、「物を大事にしきれないからやめて」
って言うけどやめてくれないのですが、
どうしたらいいと思いますか？
おかげで私はイベント事のプレゼント選びにも苦戦してて、
「あれ持ってる、これも持ってる」って毎回言われるから、
楽しみを奪われてる感じもあるんですよね……。

A

ポジティブに考えよ（^○^）

世の中何もしてくれやん義母もいっぱいおる中で
何でも買ってくれる義母ってええやん！
母にしか体験できへん楽しみもあるんやし
物を買ってあげる楽しみは義母に譲ってあげよｗ
お金浮いてラッキーやん！

Q
琉ちゃん、ひめちゃんの勉強習慣の付け方教えて！
勉強を自分から進んでやるようにさせるためにはどうしたらいい？

A
習慣化する

例えば、“ゴミが出たらゴミ箱に捨てる”
“朝起きたら歯磨きする”みたいな感じで
“学校から帰ってきたら宿題する”って習慣化しちゃう。

Q
子どものおもちゃのお片付け
どうやってやる気にさせてましたか！？

A
ゲーム感覚で片付ける

“今日は何秒で片付けられるかな？”って
「何秒で片付けられるかゲーム」する。

Q
子どものお小遣いはどうしてますか？

A
必要に応じて

前までは習い事の後にゲーセン行ってたから
月 4000 円あげてたけど、
今は特に月いくらとか決めてない。
欲しいものはちいが買ってるし、
特に本人たちもお小遣いをそこまで必要としてない。
ただ、お祭り行くときとか友達とカラオケ行くとか
お金が必要な時は行く目的に応じて渡してるかな。

Q

反抗期でもハグしたい時どうしてますか？

A

強行ハグw

Q

琉ちゃんが小学生のころに金髪だった時、
先生やお友だちから何か言われてましたか？
うちも小学２年生で染めてるのですが……。

A

特に何も!

むしろ“それが琉”って感じだったよ♡

Q

２歳と３歳の男の子がいます！
子どもに対してイライラしてしまい、
怒鳴ってしまうことがあります。
その度に罪悪感をすごく感じて、ひとり反省会をする日々……。
子どもには笑っていて欲しいのにと思うのに、私がイライラするせいで怒ってしまう。
どう乗り越えたらいいんでしょうか ...... ？

A

子どもを友だちだと思う。

友だちに対して、イライラしたからって怒鳴ったりする？
子どもを子どもと思わず、友だち感覚で接したら
イライラして怒鳴ること減ると思う。
それが仲良くおれる秘訣やで♡

—CHIIMELO'S ANSER—

まとめ

育児悩みって、本当に多種多様で、
環境やその方の置かれた状況、
お子さんの状態によって
どうにも解決しづらい問題だってあると思う。
例えばね……。
「彼が浮気してるんです。どうしたらいいですか？」
「え。最低。別れたらいいやん！」
単純に独身男女の恋愛悩みだったら、
ちいはこんなふうにバッサリ言ってしまえるんやけど（笑）。
子育ての悩みに関しては、
その親子や家族の状況・環境やキャラもあるから
一概には言えないこともあるよね。
まあ、今回はわりとバサっといったけど♡
最終的には、自分自身が納得できる道を探して、
それが決まったら
ブレずに進むのがいちばんやと思う！

Chapter 5

たったひとつの親子のかたち♡
現在とこれから

長男・琉ちゃろの成長とこれからの夢

琉ちゃんのいま。それは、高校入試目前の受験生。

とはいえ、本人は性格的にいたってマイペースやから、「大丈夫なんかなほんまに⁉」って、ちいのほうがソワソワしちゃってるくらい。

いざ3月になってから「行きたいとこ落ちた〜」って言って泣かへんよな琉ちゃん⁉

なんて思って、ひとり勝手に余裕をなくしているちいです（笑）。

子どもの入試目前にヤキモキする「お受験ママ」の気持ち、初めてわかった気がする。

ただ、子どもって、思っている以上に親の心を敏感に読み取るもの。

ちいが不安な気持ちでいたら、それがしっかり琉に伝わっちゃう気がする。

ただでさえ、受験へのプレッシャーがあるのに、「親の不安感」という別次元の圧まで上乗せされたら、たまったもんじゃないよな。

正直、ダメならダメでまた別の選択肢だっていくらでもあるんやし、いくらでも挽回できる。親子ともにそんな気持ちでいたほうが、リラックスして挑めると思うんよね。

そんなわけで、普段はいつも通り楽しく過ごしつつ、琉が勉強に集中せなあかんときは、ちいが馬車（車）で塾の自習室へ送っていく日々。

だって、家で勉強しとったら、趣味のフィギュアやら推しのグッズに埋もれた部屋で永遠に集中できへん気がするし、気が散って仕方ないやろな、って思って。

同じ時間を勉強に使うなら、より集中できる環境が大事！

その方が琉も、ちいの圧も感じないで済むやろうし（笑）。

プレッシャーの上乗せをしないことも大事やし、そういう環境をつくってあげるのも親の役割やと思ってる。

ホストの格好してた頃の、小さな「琉ちゃろ」しか知らん人が、いまの琉を見たら、どう思うんやろうな。

かなり見た目は落ち着いたと思うし、「すごく変わった」って言われることも多いんやけど、ちいからしたら、変わらない部分も多いんよ。

琉は、ちょっと昔から大人びたところがあって、優しい子やった。

誰に対しても、人を傷つけないような言い回しや表現をするような子やし、ちいが重そうな荷物を持ってると、「ママ～、琉がそれ、持っていく！」って言ってくれるようなところもあって……。

まあ、ちいは普段からスーパーでは、買い物かご3個分くらいは一気に買い物するような爆買い系やから、実際は小さな琉には重過ぎて、持ち上がらんのやけどね（笑）。

（ちなみに、いまでは重い物もしっかり持って、運んでくれてます♡）

そういう優しいところに加えて、人見知りせずフレンドリーで、誰とでも仲良くなれちゃうのも琉の特性。小さい頃、キッズスペースに連れていくと、誰かしらと新しく友だちになっとった気がする。

特に、みんなの輪のなかでひとりでゲームやっているような子を見ると、知らん間に話しかけに行って、知らん間に仲良くなってる、なんていうこともしょっちゅうやった。

そんな感じやから、いまでも友だちは少なくないほうだと思うんやけどね。

本人はいたってオタク気質なところもあって、家の中で静かに自分の好きなことをして過ごす方が好きみたい。探究心はかなり旺盛なほうやから、自分のなかで「これが好き！」ってハマったら、とことん集中してやりたいタイプなんやと思う。

特に大好きな「数学」に関しては、誰かに言われたわけでもないのに自主的に本を読んだり、勉強したりしてる。ちなみに、いまは高校の数学を勉強中。

取得済みの数検３級の次に、準２級を狙っとるらしいんやけど、出題範囲が高校１年生で習うところやから、自主的にやらなあかんらしい。

ちいは、学生時代から特に賢いタイプというわけじゃなかったからか、「どこでそんな言葉覚えたん？」っていうような難しい言葉を使いこなす琉を見てると、純粋に「琉ちゃんすごいなあ」って思う気持ちになる。

だから、「数学なんて難しくてよくわからん」なんて思いつつも、本屋さんで琉が好きそうな数学の本を見つけたら、ついたくさん買ってきちゃうんよね。

と、まあ琉ちゃんのいいところは数えきれないほどあるし、マイペースさが良い方に出ることもいっぱいあるんやけど、ママは琉に、大きくなるまでにクリアしてほしい課題があるんよ。

それが、「提出物の期限を守ること」と「部屋の片付け」。

「面倒臭いことほど先にやる」っていうことを、ちいは昔から家訓みたいに琉にもひめにも言ってるんやけどね。琉はほんと〜に、ギリッギリまでやらん。

「なんとかなるっしょ！」っていうマイペース精神がネガティブな方向に出ると、いまやらなダメなことも、最大限後回しにしようとするところがあるんよね。

課題や提出物に関しては、「琉ちゃん、課題やったの？」「課題やるよな？」「ねえ、もうやった？」って感じで、ちいが付きまとうのがウザ過ぎて、やっと重い腰が上がる、みたいな感じやし。

学校の先生からも唯一言われるのが「提出物が……出てないです」っていうひとこと。たぶんやけど、期限を決められることが苦手なんやろうな。

学校からのプリントも自分からは出さないから、ちいも常に「琉ちゃん、なんかママに渡すものないん？」って聞くようにしてる。

部屋の掃除に関しても、散らばったペットボトルなんかは見ていられなくて、つい片付けちゃう。こうやって痺れを切らして、ちいが何でもやってあげちゃうからあかんのかな、と思ったりもする今日この頃なんやけどね……。

ゆっくりでもいいから、大人になるまでには直して欲しいところやな。

長女・まひめろは多芸多才な「The・妹キャラ」

基本的に「ぱっぱかぴー♡」で可愛いひめ。

琉もよく「ひめはぱっぱかぴー♡やからな」って言うんやけど、ひめってしっかりしてるように見えて、意外と抜けてるところもあるんよね。大人びたところもあるのに、「え、そんなこともパッとできんの?」っていう一面があったりして。

小学校5年生の頃から塾にも通ってるけど、特に勉強が好きになるわけでもなく……。ちょっと「ちいの遺伝子引き継いじゃった感」のある、うちのお姫様（笑）。

でも、琉がいつもちいに言われているのも見ているからか、宿題は言わんでも取り掛かるし、勉強もそれなりには出来る「The・妹キャラ」的な要領の良さもある。

そんなひめの魅力を、ちいが親友として語るとしたら、いちばんは、「愛らしい面」と「ドライな面」を併せ持つことによる「ギャップ萌え♡」じゃないかな。

琉とささいなことでケンカして、イヤなことをされたら「ママ～!」って泣いて可愛く甘えてくることもあれば、こっちが「え、なに？　いまスッゲー冷たいじゃん！」って思っちゃうほどのときもある（笑）。

琉もそんなひめが大好きなせいか、兄妹の仲もとっても良好で、ひめも「ウザい～っ」って言いながらも、心の中では嬉しいんやと思う。

ひめって、ツンツンしてたかと思えば、ちょっとしたことで笑っちゃうゲラなところもあって、本当に表情豊かなんよ。

そのギャップや意外性が可愛い過ぎて、一緒にいて全然飽きない。

お互いの推しの話でキャーキャー盛り上がったり、一緒におしゃれして「推し活」するのも楽しいし。まさに、ちいの自慢の親友やわ。

そして何より、ひめは多芸多才！

イラストが上手いうえに、ダンスも上手♡

ひめも琉と同じく、いろいろなことに興味を持つタイプで、自分で面白そうやなって感じたことは何でもやってみる子。パッとやってみて、合わないと思ったらパッと飽きる面もあるんやけど、その分、好きなことも見つかりやすいんじゃないかな。

イラストやダンスみたいに、好きやからこそ長く続けられるものもあると思うしね。

将来のことに関しては、まだ年齢的にもうっすらとしかイメージしてないとは思うけど、本人的には「イラストレーターになりたい」っていう思いもあるみたい。

ひめはイラストを描く時も特徴を捉えるのが上手やし、素早く描けたりもするから、向いてるとは思うんやけどね。

親としての理想を言えば、少しでも賢い高校に進んで欲しい思いもあるけど、本当にイラストの道に進むんやったら、そんなに勉強勉強、って言う必要もないんかな……。

ただ、ちいめろ星にはイラスト系の専門分野の勉強を教えてくれる高校はひとつしかないんよ。だからこそ、今からそこ一択にせんでもいいんかな、とも思ったりして。

だって、好きなことが実際に仕事に結びつくかといったら、そればっかりはその時になってみなければわからないやん？

まだまだ未来は未知数。

いまはイラストの仕事に関わりたいと思っていても、いくらでも将来の夢が変わっていく可能性のある年頃やし、実際に働いてみて、気持ちが変わることだってあるわけやから。

それに、多才なひめのことやから、まだまだこれから他に好きなことや、やりたいことが見つかるかもしれない。

どのタイミングからでも、「ひめが違う道に進みたい」ってなったときに、それが叶うように、いまはできるだけ選択肢を広げておいてあげたいなって思ってるんよね。

ちょっと早いけど、そんな感じで、ひめとは進学先について話したり考えたりする機会が増えてきた今日この頃。


ちいの願望としては、ひめはダンスとかの振りを覚えるのも早いし、本当に上手やなって思うから、ひめちゃんにはアイドルになってほしいんやけどね（笑）。

まあ、性格的に、そういう目立つようなことは絶対しないと思うけど、せっかくダンスも一生懸命習い続けてきたんやし、人生のどこかで、何かしらに活かせたらいいな。

ママのふたりの未来への夢は果てしないけど、琉にもひめにも、自分がやりたいことをやってほしい。それが、ちいのいちばんの願い。

どんな夢であろうと、ちいはそれを全力で応援して、支えるつもりでいるから。

ちいの溺愛Baby♡おもちゃんのこと

ちょっと待って！

ちいの子育てといえば、琉とひめのことだけじゃなく、この子のことも語らせて（笑）。

実は、ちいにはもうひとり、子育てしているばぶちゃんがいます♡

ご存知、ポメラニアンのおもちちゃん（通称：おもちゃん）！

おもちゃんは、ちいがいないと生きていけない、本当に赤ちゃん的存在なんよ。

もう可愛くて可愛くて、ちいは日々溺愛してます。

おもちゃんを飼う前、「犬なんて、ただの犬やろ……」、なんて邪険なことを思ってたあの頃の自分に説教しに行きたいくらいやわ。

「こんなにも、こ～んなにも可愛いんよ。この可愛さを知らんなんて、あんた、人生大損しとるで！」って。

もはや、琉＆ひめと並んで、おもちは我が家の大切な大切な子ども。

ちいがいなきゃダメなところがまた可愛いの。

だって、ちいが仕事で外出してたり忙しくしてたりすると、寂しさがメンタルにくるのか、おもちゃん、便秘になっちゃったりするんよ。繊細で甘えん坊なおもちゃん。

これが気にかけずにはいられますか、って話ですよ。

しかもね、わんちゃんって、愛情をかければかけるほど、その愛をちゃんと返してくれるんよ。

おもちゃんって、いつだってちいのことちゃんと見てるし、全身全霊で「大好き♡」を表現してくれてる気がするんよね。

この前も、ちいが仕事の用事で電話しとった時。

「じゃあ、失礼しま~す」って電話を切った瞬間、「わたち、待ってました~♡」と言わんばかりにおもちゃんが駆け寄ってきたんやけどね。いっつもこんな感じなんよ。

ちいが手が空く時、遊んでくれそうなタイミングをおりこうに待っててくれるの。

きっとおもちゃんは、「構ってもらえるその時」が来るのを、ちいの会話や行動から読み取ってるんやと思う。もはや、日本語も完璧に理解してるおりこうさん。

大袈裟じゃなく、おもちゃんの頭の片隅にはいつもちいがいるんやろな、って思う。

そう思うと、可愛くて愛おしくて、ちいもその愛に応えたいと思っちゃう。

そして「大好き♡」のラリーが無限に続く幸せ……。

おもちゃんは、ペットという感覚やなくて、もはや家族の一員やから。毎日のごはんだって、ちいの手作りで栄養も偏らないように気にかけてるし、できるだけ長く、元気に一緒に過ごしたいな、って思ってる。

琉、ひめ、そしておもちゃんへの愛情の重量を思うと、ちいって実は、母性本能が強めな方なのかも⁉ まあ、ちいのママ、浩ちゃんが「母性１００％」っていうタイプの人やから、遺伝もあると思うんやけどね。

でもちいは、別に昔からそうだったわけじゃないんよ。

わんちゃんに対する感情が激変したのと一緒で、子どもへの「愛おしさ」も、琉とひめが生まれてから芽生えたもの。

だから、これからママになる予定やったり、子どもが欲しいなって思ってる人で、「子どもを愛せなかったらどうしよう」「母性本能が芽生えなかったらどうしよう」って不安に思ってる人もいるかもしれんけど、たいがいの場合は大丈夫やから♡

やっぱりそういう感情は、愛おしい存在を目の前にして、初めて湧き上がってくるものなんじゃないかな。

いつかは子離れ!?　琉に彼女ができたら…

ちいとしては永遠に子離れしたくない（笑）

だってずっと仲良しでいたいやん！

でもよく考えたら、ちいと琉＆ひめの関係やったら、特に意識して「子離れ」する必要なんてないんじゃないかなあ。

例えば、ひめちゃんが結婚してママになるとか、琉が就職してひとり暮らしをするようになるとか、そういう形で物理的に距離が離れることはあるんやろうけど。

いまはまだそんな、結婚したり独立したりする年齢でもないからわからんけどね。

反抗期っていうのも、子どもが大人に向かうひとつの「変化」なのかもしれない。

ちいめろ家のふたりには、まだ言うほど大きな「反抗期」は来てないと思うし、性格的には、この先も永遠に来ない可能性すらあるとは思ってるんやけどね（笑）。

まあでも、まったく幼少期と変わらずにいるわけではないし、ちょっぴりその予兆があるとしたら琉のほうかな。

たまにではあるんだけど、琉が何か間違ったことをしたときに、ちいが話の筋道を立てて「こうだからこうじゃん？」って説明したことに対して、謎の屁理屈をぶつけてくることがある（笑）。

きちんと意見や理由を言うならいいんやけど、自分のしたことも認めずに「負けを認めたくないが故の屁理屈」をこねてくるんよ。

ちいは、お互いの意見を伝えあって、もし相違点があっても「琉ちゃんはそう思うんやね。それならそれでやってみたらいいんじゃない？」って、ごく普通に思うほうやし、受け入れるタイプなんやけど、筋が通らんことはイヤ。

だから、琉の屁理屈の矛盾を突いていくんやけど、琉も琉で口が達者やから、それに対してまた言い返してくる、っていう無限ループになりがち。

いつも落とし所もないままに、だいたいの場合はちいがやらなあかん家事とかに追われて、なし崩しに論争が終わる、っていう感じなんよ。

それなのに、なんとなくお互いに「論破してやった！」感を出すのがちょっと不思議なんやけどね（笑）。

ひめちゃんのほうはと言うと……、このまま反抗期が来なそうな気配もあるなあ。

この感じでずっと変わらなければ、ちいとひめは今と同じように、このまま友だち親子としてわちゃわちゃと、楽しく仲良くやっていくんじゃないかな。

でも、子どもだっていつまでも赤ちゃんじゃないから。

ママとしては「昨日の延長にある、変わらない毎日」と思っていても、子どもの成長とともに少しずつ変わっていくことだってあるはず。

子ども視点でみたらきっと、家族で過ごす時間よりも、気のあう友だちと一緒におるほうが楽しいって感じるようになるんやろうし、それこそ恋愛したら「彼氏彼女と一緒に過ごしたい」がいちばんになるかもしれんから。

ママとしては寂しさはもちろんあるけど、やっぱり琉とひめが楽しいのがいちばんやから、その時は自分の寂しさは置いといて、応援してあげたいと思う。

親視点でみたら、自分の子は何歳になっても「子ども」。

それは、たとえ琉がおじさんになっても、ひめがおばさんになっても変わらないこと。

ちいから見れば「可愛い琉ちゃん」「可愛いひめちゃん」のままやからね（笑）

でも、いつか琉にも彼女が出来たりするんかなあ……。するんやろうなあ。
いまはそういう系統の話を振っても、まったく無反応で興味なさげな琉ちゃんやけど、
やっぱりそういう年齢になれば、ね。

ちいとしては、相変わらず「琉ちゃんＬＯＶＥ♡」な気持ちはあるものの、「この先も絶対恋愛してほしくない」とか「彼女なんてイヤや～！」みたいな気持ちはないんよ。

もちろん、やたら恋愛経験値を上げて欲しいわけじゃないけどね。

しっかり将来のための勉強もして、友だちとも思いっきり楽しんで、その延長線上に、本当に好きになれる人ができたら、恋もしたらいいと思ってる。

でも、いまはまだ学業を優先して欲しいかな。

なにもかも魂まで乗っ取られるような恋愛は、まだまだせんでいいよって感じ（笑）。


あとね、これはちいのＹｏｕＴｕｂｅｒならではの職業病かもしれんけど、「彼女とはいえ、他人をあまり家には入れて欲しくない」って思ってしまうところがあるんよね。

もちろん、結婚が決まってるとかいう関係であれば、家族同然やからいいんやけど。まだお付きあいの浅い関係やったら、つい「何を晒されるかわからんやん!?」って思っちゃうところはある。

家の中にお招きする、っていうことは、家の中の写真も撮り放題やし、個人情報とか出したくない部分だって知られちゃうってことやから。（疑い過ぎなんかな!?）

まあ、関係がうまくいってるときは当然そんなことはしないはずやけど、もし琉とけんかして「もう別れる〜！」っていう事態になったら？

……って、ちいはつい考えてしまうんよ。

男女なんて、いつなにがあるかわからんからね。

はい、そこでちいからひとこと。

「お願い琉ちゃん、別れた瞬間に個人情報晒すような彼女は選ばんといて（笑）！」

人と違うことはいいこと

子離れの話もそうなんやけど、ちいは、100の家族があれば、100の家族のかたちがあっていいと思う。早くから親元を離れる独立心旺盛な子もいれば、ずっと親と仲良く暮らしたいと思う子がいたっていい。

「子離れ、親離れはしなきゃいけないもの」なんていう声だってあるのかもしれない。でも、ずっと仲良く、足りないところを補いあって、助けあっている親子がいたっていいやんって、ちいは思う。

そういう家族の中の問題を、他人とか「世の中」っていう得体の知れない誰かの集合体に決められる筋合いはない、って思うんよね。

それ以外にも、「いったいそれ、誰が決めたん?」っていう謎ルール、世の中に多過ぎると思わん?

シングルマザーだからどうとか、恋しちゃいけないとか。

ママになったら好感度の高い清楚で落ち着いたファッションとメイクを、とか。

子どもが小さいうちは家にいるべき。自分の都合で親を頼るな、とか……。

どれも法律で禁じられているような罪じゃないから、なおさら「みんなと一緒」にすることでしか対処できないようなことが、いっぱいあると思うんよ。

誰かを傷つけないようにするため、とか、その場を和ませるための「空気を読む」ことは大事やけど、読まんでいい空気まで読む必要はないんじゃないかな。

まず、「空気を読む」って、なに？

「みんながこういってるからこっちが正しいでしょ」って押し付けるのは、同調圧力やと思う。根本的なことを言えば、大多数の意見が正しいとは限らないし。

ちいは、子どもの頃からそういうことに違和感を抱きがちな子やった。だから、常に「自分がどうしたいか」を大事にして我が道を進みたい、って思ってたんよね。

そんなふうに生きてると、結果的に世の中の多くの人と「違う」ことをしがちになるもので、それは、ママになったからって急に変わるものじゃない。

「みんなが言ってるから……」

だからなんやねん、って、思っちゃう。

数が多ければ正解なのか、っていったら、そんなことないわけやし。

正解は自分で考えて判断するしかないし、きちんと礼儀や常識が身についていれば、

自分なりに考えて判断したことを尊重したっていいと思う。

ちいにはちいの意見がある。それで良くない？

同じように、子どもには子どもの意見がある。

そこさえブレなければ、親子で揉めることなんてないんじゃないかな。

家庭の外だって同じやと思う。

自分の考えが大切、っていう思いがあれば、たとえ意見が違ったとしても、誰かの大事な考えを否定しようなんて思わないはずやから。

だから、琉にもひめにも、ふたりにしかない、それぞれの意見や持ち味、魅力や才能を大事に生きていって欲しいと思うんよ。

たとえそれが、多くの人とは違うものだったとしても。

考えてみれば、琉もひめも、中学生にしてＹｏｕＴｕｂｅｒ活動をして、ちいめろ星ではちょっとした有名人。

まず、その時点で「みんなと同じ」とは程遠い状況。

普通やったら、ちょっとくらい調子に乗りそうなものやと思う。

でも、ふたりともちょっと達観したところがあるのか、まったくそんな気配がないどころか、前に出てひとりだけ目立ったりすることさえ苦手なタイプ。

欲しい物はなんでも買ってもらえるし、経済的な大変さは知らないはずなのに、本人たちの金銭感覚は至ってしっかりしてるし、何かを自慢することもない。

琉とひめの場合、そのギャップが視聴者さんからの好感度にも繋がっていると思うんやけど、いまの環境に流されることがないのは、「誰かと同じ」であることに安心したり、「人と違うこと」に不安を感じることがないからなのかもな、って思う。

正直、琉とひめの環境は特殊やから、ちいが「こんなふうに子どもを育てたらいいよ」って言ったとしても、多くのママにとっての汎用性はないのかもしれない。

それに、家族のかたちはみんな違うから。

でも、だからこそ、自分の家族の置かれた環境のなかで、パパ、ママ、子ども、それぞれのキャラが輝いて、いちばん幸せな家族でいられる最適解を見つけていくしかないんじゃないかな。

みんながちいと同じように考える必要はないけれど、もし、いまの状況で「なんだか子育てしづらい」「ママでいることがつらい」って思ってしまうママがいたら、こんなふうに考えてみて欲しいんよ。

人と違ったらあかん、って誰が決めたん？

やりたい事は迷わずやったらいいやん。

それがまた自分の武器になるなら、最高やん！

行動するのに迷った時は、「見知らぬ他人の大多数の意見」に左右されないこと。

それが自分の未来にとってプラスになるかマイナスになるかを考えるねん！

で、プラスになる事はどんどんやっていこっ♡

―人と違うことはいいこと。

ママにとっても、子どもにとっても。

特別編

ちいめろ♡琉ちゃろ
本音インタビュー

—CHII & RYU—

今だから話せる!?
親子のないしょ話

突然ですが、この書籍の最後に、
琉×ちいめろの「本音インタビュー」を
掲載させていただこうと、思いま〜す♪
いまだから話せるいろんなこと、
あのときの気持ち、
将来のこと、
ちいがずっと聞いてみたかったこと……などなど。
ホスト炎上事件の頃は
まだ本当に小さかった琉ちゃろも、もう15歳。
ちょっぴり大人に成長した琉の言葉、
よかったら読んでみてください♡
(ちいめろ)

Chii & Ryu interview

Q1. 例のホスト写真の炎上のこと、今となってみて、琉はどう思う?

ち **これ、どう思う?　琉ちゃん的にはどんな気持ちなん?**

琉 う~ん、なんかね、やっぱり炎上したこと自体は黒歴史ではあるんやろうけど、もはや「懐かしいなあ」みたいな気持ち。あるじゃん、学校とかの集合写真とか昔の写真とか見たときに「ああ、こんなこともあったなあ~」ってなるやつ。
それに、もはやそんなにネガティブなことっていうより、1周回って「コレ、だいぶ面白いネタやったんやないかな」って思っちゃうとこもあるな。

ち **ホストの格好をやってて良かったこと&悪かったことってある?**

琉 良かったっていうか、やりやすかったところ、みたいな感じかもしれんけど「あらかじめ結構まわりの人に自分の存在を知られとること」かな。
人ってさ、やっぱりガチでまったく知らん相手には話しかけにくいやん。「どんなヤツかわからん」、「知らんから怖い」、っていうところもあるかもしれんし。
でもその点、琉は最初から存在を知られてるみたいなところがあったから、相手も絡みやすかったり、話しかけやすかったりみたいなことはあったんかな、って思う。
悪かったとこはね……、う～ん、あんまり思い当たらんけど、たまにそのことで友だちにイジられることがあったかなっていう（笑）。でもそれくらいやな。

ち **炎上してたってことは、当時は知ってたの？**

琉 あー、それ実は、そこまで詳しいことはあんまり知らんかったかもしれん。
一応、何回かコメントとか見たことはあるし、「こんなん、子どもを虐待しとるんやないのっ？（ムキーッ！）」みたいな発狂系のコメントなんかも目にしたことはあるんやけどね。
「いやいや、そんなわけないや～ん」って画面に突っ込んでたな（笑）！

Q2. 琉が目指したいな、と思う「理想の男」像とはどんな人？

ち **「理想の男」のイメージが付きづらかったら、なんとなく将来こんな大人になりたいっていうんでもええよ。**

琉 将来はね、そうやね。「頼られる人」になりたいな。
なんかさ、困った時に気安く声をかけられる雰囲気出してて、頼ったら助けてくれそうな人っておるやん。そういう人でありたい！

あとはね～、数学が好きやから、この先も好きでいたい。

数学ができる男って、なんかカッコええやん。楽しいしな。

ち **将来の仕事のこととかも考えたりするん？　こんな職業につきたいなー、とか。**

琉 うーん、そのへんはまだわからんかな。考え中。

でも、明らかに無理やなって思うのは、文章を使いこなさなあかんような仕事。

文章力とか国語力が必要な仕事は……、苦手かもしれん。

あと体力使う系もイヤや～、苦手やし、キツい。ムリ！

ち **そうか～。じゃあ知能系は？　医者とか弁護士とか、あと警察官とかは？**

琉 知能系なら頑張れそう！　と、思いきや……。

医者は血が怖いからまずムリやし、弁護士はすっごいちゃんとした文章書かなあかんやろ？

警察官はアレやん、体力勝負やから。

ち **全然ダメや～ん（笑）！**

Q3. 琉にとってママってどう見えてる？ 琉にとってはどんな存在？

琉 とりあえず頼れる人！

あ、俺が将来目指してるんと同じやった（笑）

どんな存在かと言うと、困った時はすぐ相談乗ってくれるし、話しやすいから、「なんでも相談窓口」でもあるし、なんてことない話もできる「雑談窓口」でもある感じ。

あと、話してるとき、自己肯定感をさりげなくあげてくれるとこあるよな（笑）。

でも、基本的には、芯のある人やと思ってるよ。

普段はすごい我を通す部分もあるけど、何かコトが起きれば、ちゃんと切り替えて臨機応変に対処できる人でもあると思う。

ち **なるほど。じゃあ、ココがめんどい、とかはある？**

琉 普段は仲良いけど、怒り出したら話が長いところ！　すんごい長い！

まあ、怒らせた側が悪いのはわかってるんやけどね。

ほんと〜〜〜に、　長い。よね？

だから、長引かせんように、俺が怒らせたなら素直にすぐ謝るし、ひめが怒らせたんやったら、すぐに自分の部屋に逃げるわ！

ち **なるほどね（笑）。じゃあさ、うちの子育て方針というか、この「家訓」があったからこそ、よかったと思うことってある？　これ教えておいてもらってよかったな、とか。**

琉 う～～ん。正直なところ、いまの時点では、ないかな～（笑）。
どうしてもさ、いまも昔も、環境とかも含めてあんまり変わらんやん。
いま教えてもらってることの本当のありがたさを「まだ」実感してないっていう感じ。
それを心から実感するのは、この先、自立したあとの話なんやと思う。
でも将来、良かった、って実感するときはきっと来るだろうな、とは思ってるよ。

ち **ママさ、礼儀とか挨拶せなあかんとか、結構教えてると思うけどそこはどうなん？**

琉 ああ！　そやな。それはまあ、大事なことやし、褒めてもらえることもあるけどさ。
でもそれは、人としてできて当たり前のことやしな（笑）

Q4. 生まれ変わったらまたちいの子に生まれたい？　またこの家族がいい？

琉 う～ん。難しい質問やな（笑）
なんだかんだ今の家族が楽しいのは間違いないんやけど、他の家庭も経験してもみたいな、っていう気持ちもあるかなあ……。

まあ、そう言ったらママに対して言い方が難しいけどさ。

やっぱり、もう一回せっかく生まれ変わるんやったら、まったく同じことを繰り返すってつまらんやん。

いまの記憶を持って生まれ変われるとしたら、って言う前提ではあるけど、今度はちがう環境での経験もしてみたいかな。

ち **なるほどね。じゃあ、琉にとって今回の「親ガチャ」は成功・失敗、どっち？**

琉 まあ成功かもしれんけどさ、そもそも「親ガチャ」って言葉はあんまり好きじゃないな。

確かに人生は運ゲーみたいなところあるし、「運」で勝負、っていうところはあるかもしれんけど。

それでも、「親ガチャ」ってさ……。

それを子どもの側が成功やとか、まして失敗やとか言ってるのを聞くと、ちょっと違うんじゃないかなって思う。

ち **琉ちゃん現代っ子じゃないなあ（笑）。**

Q5. ちいの息子に生まれたこと、ぶっちゃけどう思ってる？　よかったことは？

琉 そりゃあさあ、良かったよ！

なんでも買ってくれるし♡

まあ、それはさておき（笑）、
普通にいろいろな話しもできるし、普通にノリ良くて楽しいいし、普通にいつもごはんはおいしいし……。

あ、いまさ、「普通に」って何回も言っとるけど、これ、いい意味で、ってことね。

「普通に」を求めて、それが当たり前にあるって、本当はすごく難しいことやん？

だから、日常のいろんなことを、「当たり前にある」と思わせてくれるのは、本当にありがたいことやと思ってる。

家族のありがたさ、普通さを感じさせてくれることに、感謝してる。

Q6. 琉にとって家族ってどんな存在？

琉 うーん、簡単にひとことであらわすのはムズいな〜！
一緒におるだけで心が休まるのは間違いない。

でも、たまに離れたい、って思う時もあるけど、結局時間が経つとすぐまた話したくなるし、戻りたくなる。しかもそんな気分になったらすぐ戻れるし。
家族は、そのまんまの自分を普通に受け入れてくれる存在、かな。

ち **そうか。え、じゃあさ、琉にとっての宝物は？**

琉 そりゃあ家族に決まってるでしょ～（笑）♡

Q７． 最後の質問！　琉にとってママは、１００点満点中、何点ですか？

琉 まあ、１０１点やな！（笑）

ち **あれ、何年か前に聞いたときより１点増えとるな♡**

琉 そうやな。まあ、テストとかで、実際は１００点がマックスなんやけど、ちょっといいこと書いたら１点上乗せしてくれた、みたいなことあるやん。そんな感じ（笑）！

ち **なるほどな♡　琉ちゃんありがとう！**

♡ RYUからママへのお手紙 ♡

親愛なるママへ

私は毎日ママへ感謝ばかりです。
例えば、忙しいなかで
私たちに晩御飯を作ってくれたり、
朝早くから起きて準備を手伝ってくれたり、
他にも私が悪いことをしたときに
叱ってくれることなど。
私はまだまだ半人前ですが、
これから一人前になるよう努力いたします。
ぜひ、その姿を見られるように
長生きしてください。

琉雅より

Letter from Ryu.

Epilogue

『人と違うことはいいこと』

最後まで読んでいただき、ありがとうございました♡

子育てについて、ちいめろなりの思いを書いたこの書籍、もしかしたら、子育て本としては、「正しい」とか「正しくない」とか、いろいろなご意見をいただく内容になっているかもしれません。

例えば、「ちいめろ、子どものこと甘やかし過ぎじゃない？」とか、「親が子どもと一緒になって遊んでていいの？」、みたいなこととかね。

でも、うちの子、ほんとうにいい子に育ってる、って心から思えるんよ。

琉とひめという、ふたりのかけがえのない可愛い宝物。

子育ての「正解」なんて、ちいにはわからないけれど、彼らはこの世でいちばん大事な宝物で、ママとしての誇り。

「ちゃんと子供と向きあえている良い母親か」なんて、見た目や雰囲気だけで他人が判断できることじゃない。良いママなのかどうかは、子どもが決めること。

だから、見知らぬ誰かが評価してくれなくてもいいし、みんなと同じじゃなくていい。

「ママならこうしなきゃダメ」、「子育てはこうしなくちゃいけない」っていう思いに縛られて、自分を殺して生きるなんて、なんだか息苦しくない？

ちいは、それこそが「生き苦しさ」につながるものやと思う。


ある子にとってのいい親が、どの子にとっても良い親になり得るかはわからないし、子どもひとりひとりに、どれほど素敵な個性があるかだってわからない。

だから、それを見つけるためのサポートをして、気持ちに寄り添って、応援してあげるのが親の役割。ちいは、世間的に見た「正しい母親」として生きるより、子どもと同じ視点でこの世界を見られる「友だち親子」であり続けたい。


何より、琉とひめがつらい時には、いちばんに頼れる存在でありたい。

だからもし、子どもの立場でこの本を読んでくださっている人がいるのなら、「つらい、しんどいなって時には、とにかく親に頼ってみて！」って伝えたい。

いい子と言われる子に限って「こんなこと頼んだら親は迷惑なんじゃないかな」って

思いがちやとは思うけど、親からしたら、「頼ってもいい」というより、「むしろ頼ってよ！」っていう気持ちやと思うよ。

親は子どもに頼られれば嬉しいと思うはずだし、少なくとも、ちいはそう思う。

「こんなこと、絶対言えない」って悩むようなことだって、親は可愛い子どものいうことなら、最終的には受けとめてくれるはず。

だから、ひとりで抱え込まないで、友だちには言えないようなことでも打ち明けてみて欲しいんよ。

親の方も、とにかく子どもの話を否定せず、最後までしっかり話を聞いてあげて。

その話がよくわからなくても、興味を持って会話のラリーを続けること。

昨日今日、急にフレンドリーに話しかけても、急に「友だち親子」にはなれない。

だから、まずは会話を重ねることと、それを継続していくことが大事やと思う。

「あれ？　うちの親って意外としゃべりやすいやん」っていう「あれ？」を繰り返す。

そういう日常の積み重ねが「友だち親子」をつくっていくんじゃないかな。

有無を言わさずに「こうしなくちゃダメ」「こうあるべき」って上から押しつけられ

たら、誰だって話したい気持ちになれないと思う。

親子といっても人と人やからね。

親と子がお互いを認めあうこと、家族が愛をもって寄り添うこと。

親子・家族のかたちはそれぞれでも、そのベースさえブレずにいたら、幸せな人生を歩いていけるはず。だって、家族はこの世界でいちばんの味方であり、いちばんの理解者であり、最終的な居場所なんやから。

たとえママが「永遠の18歳で、ちいめろ星のお姫様」だったとしてもね♡

ちいが「ファミリー」をテーマにYouTube動画を発信しているのも、家族の温かい雰囲気や幸せな空気感を伝えることで、「家族っていいな」って思ってもらいたいから。

それを感じてもらうことで、家族のことで悩んでいる人や、親元を離れてちょっぴりホームシックになっている人の心の支えや励みにしてもらえたらいいな、って。

例えば、進学や就職で親元を離れて、ひとり暮らしに寂しさを感じている時。

ちいめろチャンネルを観て「家族と暮らしていた空気感を思い出すなあ」とか「親子

でこんな笑ってた日々があったな」って思い出して、ちょっとほっこりした気持ちになってもらえたら、めっちゃ嬉しい。
たまにDMやコメントで「めろちの動画を観て家族のこと思い出した」とか「家族っていいなって思った」「こんな家族を作りたいと思った」みたいに言っていただけることがあるんやけど、そういう声をもらうと、本当に励みになる♡
だから、これからも家族の動画を発信し続けていきたいし、それによって誰かに何かを言われて炎上したとしても、自分の本当に思うことを発信し続けるつもり。

琉とひめが、ちいに与えてくれたもの。
それは、生きる意味。
ふたりがいなければ、ちいは、自分の存在価値のありかをずっと探し続けなきゃいけなかったように思う。

ちょっぴりメンヘラなちいに「この子たちのために絶対に生きなきゃ！」って思わせてくれた琉とひめに、心からの感謝と愛を込めて♡

ちいめろについて

♥著者プロフィール

ちいめろ
ちいめろ星のお姫様、永遠の18歳。血液型はハート型♡
長男・琉雅（琉ちゃろ）と、麗姫愛（まひめろ）のママ。
高校時代は「劇団ひまわり」に所属し、女優を目指すも、結婚して二児の母に。デコログの人気ブロガーとしてメディア出演も多数。

♥Media /SNS contents

YouTube 「ちいめろチャンネル」
www.youtube.com/channel/UCvkWfTGdqAz8N3nJfNay-cA

Instagram chiimelo74

X @chiimelo74

STAFF

ブックデザイン／岡泰司（泰司デザイン事務所）

構成・編集／打矢麻理子

制作／ Lilith Edit

編集統括／原田秀司（双葉社）

協力／ミツバチワークス株式会社

人と違うことはいいこと

2023年12月23日　第一刷発行

著者　　ちいめろ
発行者　　庄盛克也
発行所　　株式会社 双葉社

〒162-8540 東京都新宿区東五軒町3番28号
TEL　03-5261-4818（営業）　03-5261-4826（編集）
http://www.futabasha.co.jp/
（双葉社の書籍・コミック・ムックが買えます）

印刷所・製本所　中央精版印刷株式会社

ISBN978-4-575-31847-0 C0076